吴敏 王睿 编著

个性化开店指南
热转印开店

印刷工业出版社

前言

亲爱的读者，您好，当您翻开本书的时候，可能您已经有了自主创业的想法了。希望通过阅读本书的内容，能够增加您自主创业的信心。无论您是否具有印刷专业的知识背景，是否具有开店的经验，都不用担心，本书手把手地教您去开个性化印刷店。本书既有开店专业知识——热转印知识的介绍，也有如何选取店址、进行店内装修，需要哪些设备，需要多少投资等详细关于开店的知识介绍，并且通过以具体运用热转印技术印刷产品为例，图文并茂，详细介绍了热转印操作过程。让您阅读完此书轻轻松松就可以直接上手操作、制作产品。真心希望我们的书能够成为您成功创业——开个性化印刷店的“宝典”！

本书适用于想自主创业的您，或者对热转印技术感兴趣的读者们。

由于作者水平有限，书中难免有疏漏，敬请读者批评指正。感谢本书中参考和引用相关文献的作者！对提供部分设备和耗材图片的广州永杰集团表示感谢！

编 者

2013年6月

目 录

生活中的印刷品

01

在日常生活、工作和学习中每天都会见到很多印刷品，如书刊、报纸、课本、作业本、广告册等，这些都是通过普通印刷方式印制的普通印刷品。印刷过程需要有印版，以纸张为承印物，使用大型印刷机，经过平版、凸版等印刷方式印刷，得到印品。普通印刷需要具备五大要素：原稿、印版、承印物、油墨和印刷机械。这五大要素具体都是指什么呢？

原稿

制作印版所依据的实物或载体上的图文信息。

印版

用于把油墨传递到承印物上的印刷图文载体。图文部分也就是印版上的印刷部分，这部分是着墨部分，印刷的时候油墨转移到承印物上，即把原稿上的图文信息转移到了承印物上。非图文部分也就是印版上空白部分，这部分不吸附油墨。根据印版版面图文和空白部分相对位置高低的不同，分为凸版印刷、凹版印刷、平版印刷和孔版印刷。

承印物

接受印刷油墨或吸附色料并呈现原稿图文信息的各种物质。承印物种类：新闻纸、胶版纸、铜版纸、地图纸、纸板等。

印刷油墨

印刷过程中被转移到承印物上的成像物质。

印刷机械

产生印刷品的机器和设备的总称。

普通印刷方式的印版和印品的特点

凸版印刷

印版特征是图文部分高于空白部分，图文部分在同一平面。印品特征是印品有不明显的不平整度。凸版印刷适用于印刷包装装潢材料，商业表格等。

凹版印刷

印版特征是图文部分低于空白部分，空白部分在同一平面，层次深浅不同则凹陷深度不同。印品特征是墨色厚实，线条光洁，印品精美。凹版印刷适用于印刷邮票、有价证券、精美画册等。

平版印刷

印版特征是图文部分与空白部分几乎在同一平面，无明显的高低之分（实际上有）。印品特征是表面无不平现象，墨层较平薄。平版印刷适用于印刷书报杂志、海报、地图、挂历、精美画册等。

孔版印刷

印版特征是印刷部分由大小不同或大小相同、数量不同的孔洞构成，可透过油墨；空白无孔，不透墨。印品特征是墨迹厚实，线条不光洁。孔版印刷适用于印刷电路板、织物、商品包装、玻璃、不规则曲面等。

除了普通印刷品外，我们还会经常见到一些特殊的印刷品，相对于普通印刷品来说，这些特殊的印刷品是采用特种印刷方式印制而成的，先让我们来看看生活中的这些特种印刷品。下面这些特种印刷品都是经过不同种的特种印刷技术印制而成的。

利用特种印刷技术进行电子类产品的印刷，如铭牌、标盘、印刷电路板、电线、电缆、太阳能电池等。

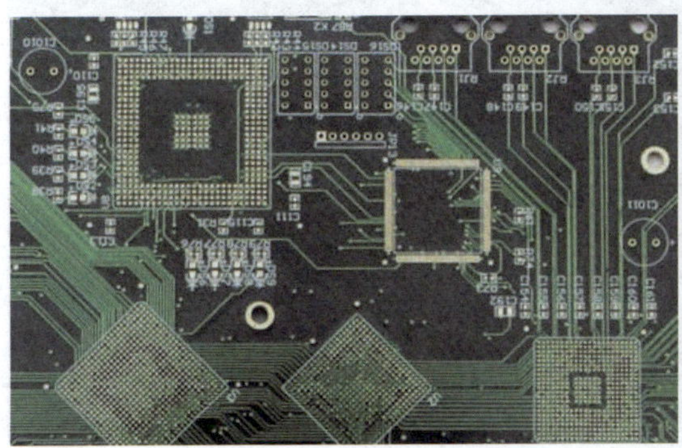

电路板

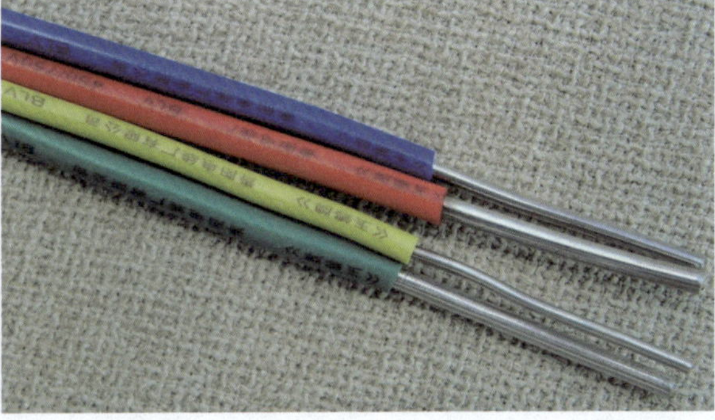

电线、电缆

利用特种印刷进行建筑器材、装饰材料的印刷，如装饰板、木材、玻璃、陶瓷、壁纸等材料的印刷。

陶瓷贴图

各种壁纸

利用特种印刷进行印染纺织品的印刷，如皮革制品、T恤等的印刷。

T恤就是利用特种印刷之一的热转印技术进行印刷的。

T恤

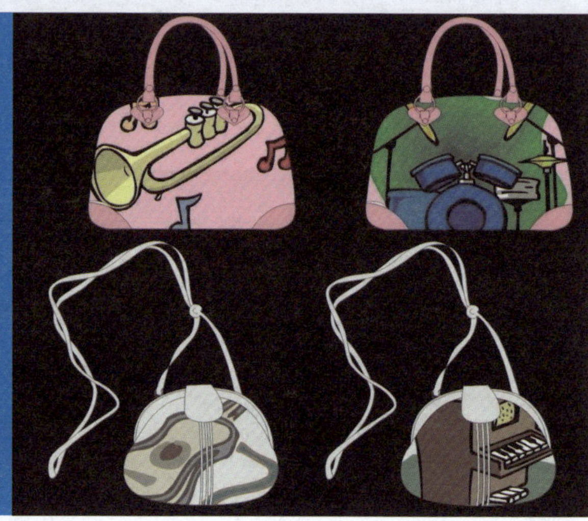

皮革制品

利用特种印刷技术进行包装材料和包装容器的印刷，如纸盒、纸袋等。

包装用纸盒

纸袋

利用特种印刷技术进行工艺美术品、仿真文物、版画、油画的印刷。

仿真画

工艺美术品

利用特种印刷进行浮雕立体装饰产品的印刷。

立体浮雕画

利用特种印刷技术进行各种感热、感湿、感压等显示装饰产品的印刷。

感压贴纸

感温杯子

利用特种印刷技术进行各种生活用具、儿童玩具的印刷。适用于以上产品的印刷方式有立体印刷、香味印刷、升华印染、液晶印刷、珂罗版印刷、喷墨印刷等特种印刷工艺。

色彩鲜艳的儿童识字积木

利用特种印刷进行有价证券、钞票、邮票、发票、表格等的印刷。

各种邮票

各种钞票

利用特种印刷进行各种防伪标志的印刷。

表面效果

高温效果

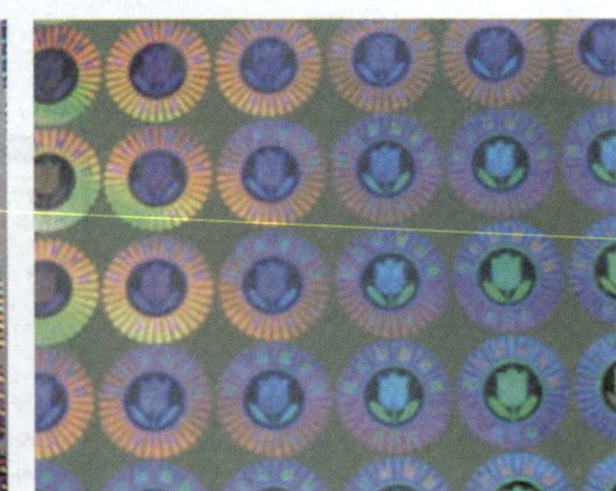

各种防伪标志

利用特种印刷技术进行各种卡类的印刷。

卡类印刷

利用特种印刷进行宣传广告方面产品的印刷。

大型宣传广告

通过上述内容，您知道了特种印刷都可以用来进行哪些产品的印刷了吧，那我们来讲一下，什么是特种印刷。

“特”者，不同于一般，我们常见的课本、作业本、杂志、广告册，就可以说是“普通印刷”。这里说的特种印刷是相对普通印刷而言的技术术语，是指采用不同于一般制版、印刷、印后加工方法和材料生产，供特殊用途的印刷方式的总和。也就是说，特种印刷与普通印刷主要是从制版、印刷、印后加工方法和承印材料及印品用途五个方面进行区分的，凡是在这五个方面有其中一个方面与普通印刷不同的，都属于特种印刷。

特种印刷的主要特征

1.印刷工艺的特殊性

特种印刷的整个工艺过程与普通的印刷工艺有所不同，从印刷原理来讲，普通印刷主要是靠压力或者是接触进行印刷，主要包括平压平、圆压平和圆压圆三种接触压印方法，而特种印刷可以是无压力或者是非接触印刷，如无压力的静电印刷、喷墨印刷等；从制版方法来讲，传统的印刷方式因其技术的相对固定，使得所采用的印版也相对固定，如凸版印刷、平版印刷和凹版印刷多采用铜、锌、铝等金属版材，孔版印版多采用尼龙网或者金属丝网，而特种印刷方式采用的印版不只局限于金属版材，可以是木材、塑料甚至是光电导体材料。

2.油墨的多样性

在普通印刷过程中，需要用油墨来实现原稿图文的再现。在特种印刷工艺中，显现原稿的媒介可以是油墨，也可以是非油墨的物质，如静电植绒工艺中的绒毛纤维。特种印刷的油墨已经超出了传统意义上的油墨，或称为印料更为确切。特种印刷根据印刷工艺的不同，可以确定是否需要油墨来形成图文，此外特种印刷可以选用各种各样的染料或者颜料来调配油墨。特种印刷为实现某些特殊效果，如防伪、装饰等，还可以在油墨中添加其他具有某特性的材料，如目前广泛使用的液晶油墨、磁性油墨、香味油墨、导电油墨等特殊的转印油墨。

3.承印物的多样性

特种印刷承印物的多样性主要表现在两个方面：一方面是承印材料的材质除了纸张、塑料之外，金属、玻璃、陶瓷、搪瓷、皮革、纺织品和合成树脂纤维等也被广泛使用；另一方面，承印材料性质的外延也被扩大，其印刷表面不限于平面物体，在曲面、刚性表面、弹性表面上，甚至在成型物上也可以印刷。

4.印刷设备的专用性

普通印刷，不同的印刷方式在印前处理、印后加工阶段所采用的设备大体相同，但特种印刷由于其工艺的特殊性或者某工序加工方式的差异，必然会对设备有特殊的要求，决定了所用设备的专用性。如立体照相机、数字照相机、全息摄影机、特殊的制版设备、印刷压印设备以及印后加工处理设备等。

5.印刷品用途的特殊性

普通的印刷品，如书刊、报纸、宣传品和广告等，其功能是以传播信息为主，而特种印刷产品能满足社会各个领域的生产、生活和社会活动的需求，尤其是占特种印刷最大部分的包装印刷，不仅可以满足人们日益增长的文化需要、美化环境、提高产品的档次、增加效益、促进经济发展，还可以通过防伪印刷打击伪劣产品、保护品牌、维护金融秩序和保护知识产权。

特种印刷的分类

1. 根据使用的特殊工艺分类

无压印刷（NIP技术）

无压印刷即NIP（non-impact printing）技术，采用不同于普通印刷的原理与工艺，完全实现数字化，既无印版，又不需要印刷压力，也称为非接触印刷方式。无压印刷按照各自的物理或化学原理来命名：离子成像，是为了生成图像而将电荷转移到一个合适的图像载体表面的磁场模式形成的；喷墨印刷，是墨水通过喷射系统直接将图像转移到承印材料表面；热敏成像，是一个应用热效应的印刷过程，通过特殊类型的油墨载体（如带状材料）利用热效应来产生印刷图像，可以细分为热升华（染料升华）和热转移（蜡转移）；照相成像，是采用专门的感光材料，通过与图像对应的光信号来进行数字化曝光。

立体印刷

立体印刷（stereoscopic printing）是根据光学和视觉原理，模拟人两眼的距离，从不同角度拍摄，将左右像素记录在感光材料上，观看时，左眼看到左像素、右眼看到右像素，给人以立体的感觉，按照这一原理制作出的产品称为立体印刷，如全息立体印刷、普通立体印刷、变画面立体印刷等。还有一种立体印刷又被称为激光立体造型或者激光立体光刻，是基于液体光敏树脂的光聚汇原理工作的，这种液体材料在一定波长和强度的紫外光的照射下能迅速发生聚合反应，分子量急剧增大，材料也从液体转变成固态。

转移印刷

转移印刷（transfer printing）是印版上图文部分的油墨，经中间载体的传递转移到承印物表面的印刷方式。转移印刷工艺最本质的特征就是使用可以变形的转印头将印版上图文区的油墨转移到承印物上。转移印刷主要是针对某些承印物不便于直接在其上进行印刷，或者是工艺上有特殊的要求，需要从一个中间载体上再转到所需要的承印物上。例如直接转印、热转印、湿转印、压力转印、贴花印刷和不干胶商标印刷等工艺，多用于金属或塑胶玩具、工艺品、礼品等的印刷。

2.根据使用的特殊材料分类

根据特种印刷所使用的耗材不同进行划分，这些不同的材料包括印版、油墨、承印物几个方面。

采用不同材质的印版

用于制作特种印刷的印版材料有金属、木材、玻璃和合成树脂等，因此相应的特种印刷包括各种采用普通印刷方法的金属版印刷工艺、木刻版印刷工艺、珂罗版印刷工艺、柔性版印刷工艺等。

采用不同的印刷油墨

所有这类特种印刷的特点是油墨成分中包含有各种特殊材料，如油墨中掺有荧光粉的称为荧光印刷，掺有珠光粉的称为珠光印刷，以此类推还有液晶印刷、磁性印刷、香味印刷、光致变色油墨印刷、发泡印刷等均是在油墨中加入相应的特殊材料的印刷。

采用不用的承印材料

特种印刷的承印材料广泛，不但性质各异，而且形体也比较随意，基本可以分为平面承印物和曲面承印物。平面承印物，如塑料薄膜印刷、皮革印刷、织物印刷、玻璃印刷、陶瓷印刷、金属印刷、建材印刷、铝箔印刷等。曲面承印物包括各种成型物印刷、容器印刷等。

3.根据印刷品的使用功能分类

有价证印刷

主要是指各类金融债券印刷，如钞票印刷、邮票印刷、证券印刷等。

防伪印刷

主要是防止伪造而设计的一些特殊商标，如防伪商标印刷、磁卡印刷、智能卡印刷等。

其他印刷

除了上述的分类方法之外，还可以按照印品的使用目的和职能进行分类，大致可以分成工业生产服务的印刷、为社会生活服务的印刷两大类。在工业生产中，印刷技术已经作为工业生产的一种手段被广泛地应用，例如印刷电路板、集成电路、太阳能电池等。为社会生活服务的印刷品是指能给人们生活带来舒适感的产品以及能促进各项社会活动顺利进行所需的产品，包括建材、纸器、装饰罐的印刷，证券、传票、商业单据的印刷等。

热转印开店设备

开店，最重要的是设备的齐全。除了印前所需的电脑、扫描仪等设备，热转印设备是开店所必备的。根据转印产品的不同分为烤帽机、烤盘机、烤杯机、平板机。根据时间和温度控制方式分为模拟控制、半数字控制、双数字控制。平板机的用途最广，使用面也最广，不仅个人转印用，而且服装工厂、礼品工厂、烫画行业，都广泛使用这种机器，所以平板机被制造成多种结构，满足不同的需求，如普通直压平板机、高压直压平板机、普通摇头机（因为压力不及高压机，成本又高，不实用而很少见）、韩式摇头机（采用偏压轴承，转印时压力可以很高）。

电脑

普通的台式电脑或者笔记本即可，需要安装美图秀秀、Photoshop、Illustrator等图形、图像处理软件。

打印机在使用时要注意：打印机要经常开，可使之不容易堵塞；外置大墨盒加墨水不能太满，一般为二分之一，否则会漏墨；打印机跟外置大墨盒要在同一水平面。

扫描仪和数码相机

扫描仪一般为平板扫描仪即可，数码相机最好为单反相机，且为了拍照光照需要，最好去专业摄影器材城购置一两个摄影灯。

打印机

目前热转印使用的打印机最多的还是爱普生系列，有四色和六色打印机。六色打印机打印出来的效果通常比四色打印机打印出来的效果好。该机需要配置四色或者六色墨水连供装置，墨盒里面的墨水是热转印墨水。

烤杯机

购买烤杯机时，需要考虑的是机器的印图面积，也就是能够印制杯子的直径和高度。以下为四种烤杯机：A.斜卧式烤杯机、B.数码烤杯机（可印直径7.5~9.5cm的杯子，对杯身高度无限制）、C.迷你烤杯机（烤印小口径杯子）、D.多功能烤杯机（该机配有多个烤杯垫，烤制杯子的直径和高度范围大）。在购买机器时，如果资金宽裕的话，建议购买多功能烤杯机。

A

B

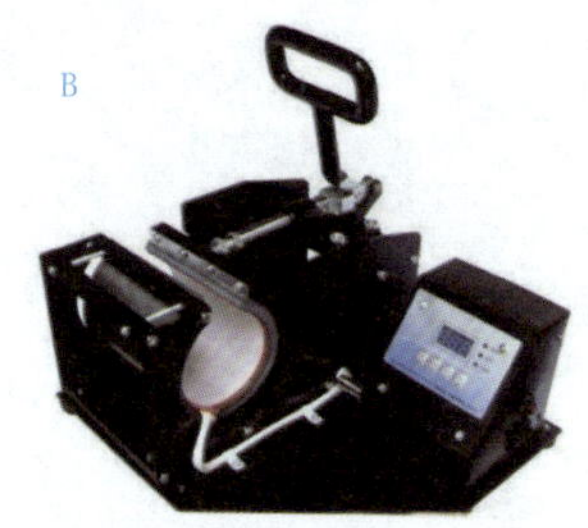

C

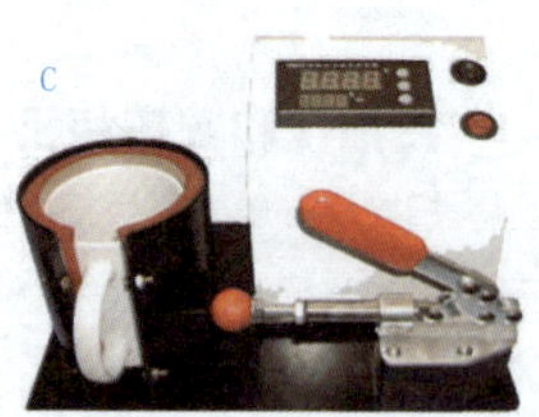

D

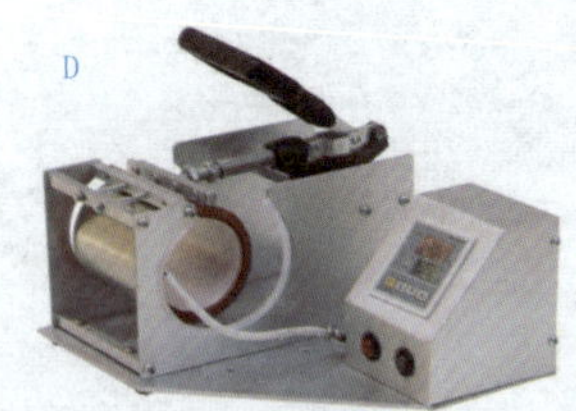

A

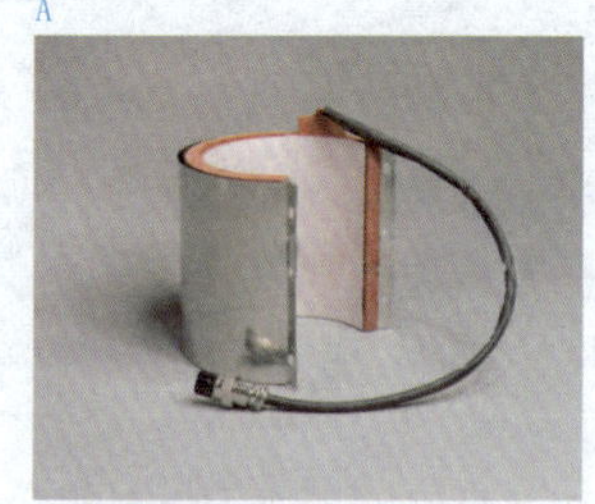

B

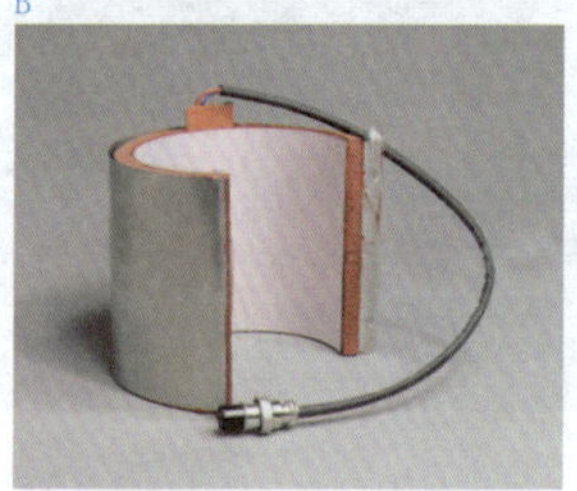

C

烤杯垫

烤杯机需要的配件主要是烤杯垫，烤杯垫是采用耐高温、高导热、绝缘性能佳、强度好的有机硅橡胶、耐高温的纤维增强材料以及金属发热膜电路集合而成的柔软性电加热膜元件。烤杯垫的大小决定着烤杯机能够制作的杯子的大小。选购烤杯垫时要注意烤杯垫适用的杯子的形状，圆柱形或者是锥形，烤杯垫应用的烤杯机机型以及烤杯垫所烤印的直径。如图所示，A为小烤杯垫，B为大烤杯垫，C为小数码烤杯垫，D为大数码烤杯垫，E为小锥形数码烤杯垫，F为大锥形数码烤杯垫。A和B适用普通烤杯机，其余四种适用于数码烤杯机。读者在选购烤杯垫时，一定要注意需要加工的个性杯子的尺寸和烤杯垫的尺寸是否匹配。因为烤杯垫中不放入杯子也可以开机加热烤杯垫，也就是说烤杯垫不怕空烧。但是在烤杯过程中要尽量避免烤制杯体高度远低于烤杯垫宽度的杯子，也不能只将杯子的一小部分塞入烤杯垫内烤制。如果只想在杯子上的一小部分烤制图案，可以对需要烤制的图案进行处理。

使用过程中避免烤杯垫长时间空烤，以防损坏杯垫；避免人体直接接触机器发热部件，以防灼伤；烤杯机机器工作1.5小时以上应关机休息20分钟左右再开机。

D

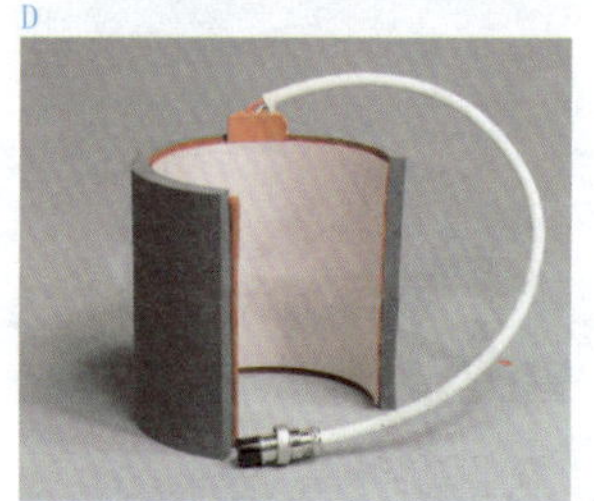

E

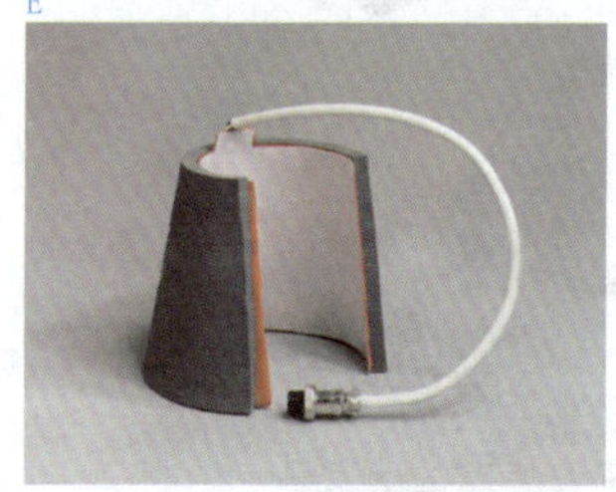

F

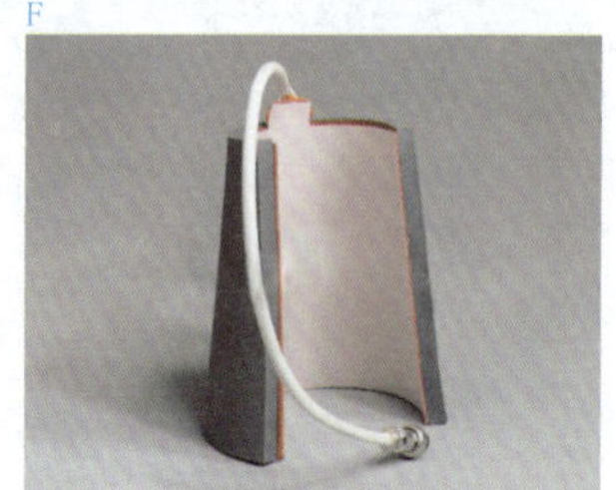

个性T恤印刷的平板机

选购平板机时，主要考虑的是印刷图案的面积。A为摇头平板机，B为高压平板机，印图面积都是38cm×38cm。有的平板机的印图面积可以达到40cm×50cm，40cm×60cm。A和B两款平板机都是单工位的，就是一次只能制作一件T恤。C为四工位平板机，可同时制作四件T恤。四工位的平板机售价要比单工位的高出很多。单工位的平板机售价一般在1000～2000元，而多工位的平板机售价则可能达到5000元左右，四工位的平板机售价更是高达万元。D为上滑式双工位气动平板机，E为下滑式双工位气动平板机，这两款机器售价要在6000元左右。C、D、E三款均是气动的，加工过程中，可以将T恤等吸附在机器的下平板上，方便印制。

A

B

C

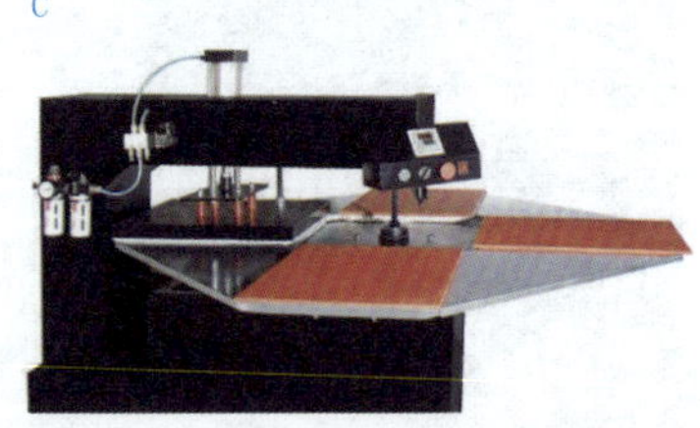

D

E

下面为平板机需要的主要配件。A为高温隔离布，覆盖在铝板表面，起平整、洁净的作用；B为耐高温硅胶垫，覆盖在平板机印图区域上，规格有38 cm×38cm，40 cm×50cm，40 cm×60cm。

A

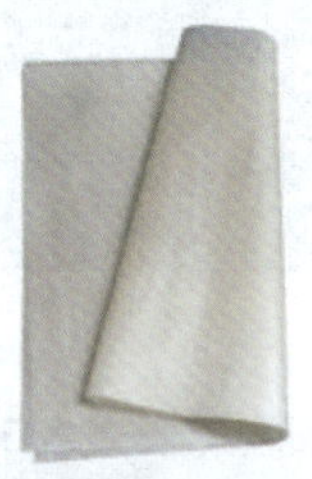

B

制作水晶工艺品的水晶机

A为水晶固化机，每台机器配备三根备用灯管，每根灯管照明时间都可达2万小时，使用时只需打开一根灯管进行固化即可，如果灯管有故障只需更换配备的其他灯管即可。同时灯管安装高度可以调节，以方便固化任意高度的水晶底座。整机可折叠，运输携带方便，该机器价格在2000元左右。如果创业之初资金紧张，可以考虑自己制作一台简单的水晶固化机，如B图所示就是使用一个较好的瓦楞纸箱，然后在一面箱体上安装灯头，再安装上紫外线灯即可。使用时把需要固化的水晶放在纸箱里面的凳子上，调整到合适的高度，就可以打开紫外线灯，关闭纸箱进行水晶的固化了，自己动手制作水晶固化灯，十分节约资金，只需几十元就可以搞定。

A

B

制作公仔的机器——公仔机

购置公仔机时，一般会随机配置模具。

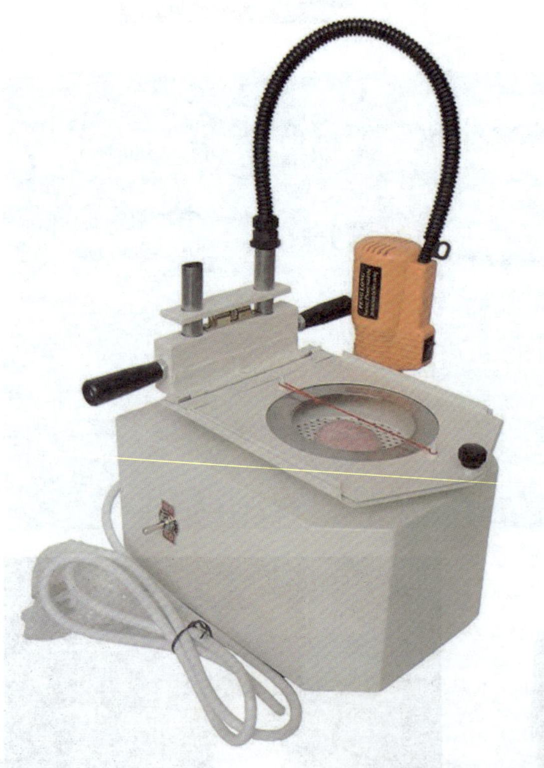

烤盘机

烤盘机可以将任何彩色图标、人物照片、风景图案等烤在磁盘上，制作成广告品、礼品和个性化物品等。购买烤盘机时要注意，机器所配置的烤盘垫尺寸，10寸烤盘垫，最大烤印直径15cm；8寸烤盘垫，最大烤印直径12cm。A烤盘机配8寸烤盘垫。B数码烤盘机可升降360°旋转，便于取物及印制一定厚度的异形物品，制作的影像产品更加出色，配8寸/10寸烤盘垫。C为10寸烤盘垫，D为8寸烤盘垫。

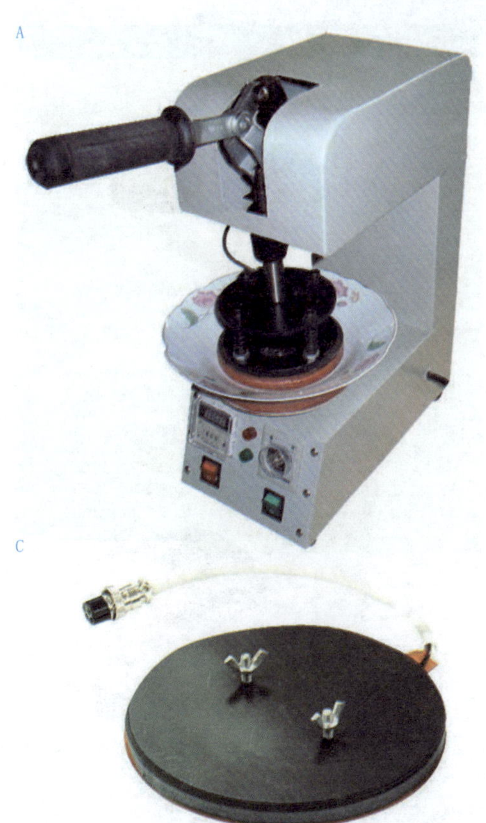

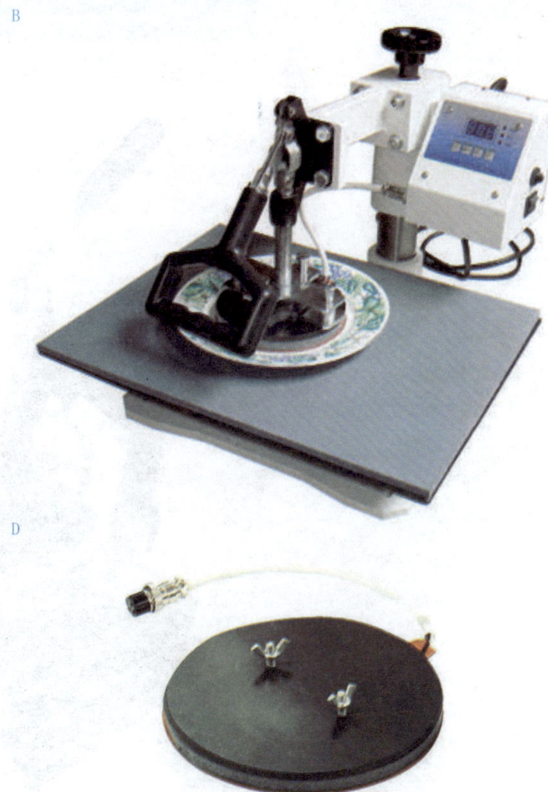

烤帽机

利用烤帽机可以将任何彩色图标、人物照片、风景图画及个性化图案等烤制在帽子上。适合制作用于广告宣传、礼品等的帽子和个性化帽子。A烤帽机为侧开摇头式，铝板，图案印制范围8cm×14cm。B数码烤帽机可以精确控制烤制时间和温度，时间设置范围0～120s，温度设置范围0～345℃，图案印制范围8cm×14cm。烤帽机的价格一般在400元左右，数码烤帽机的价格要贵一些。

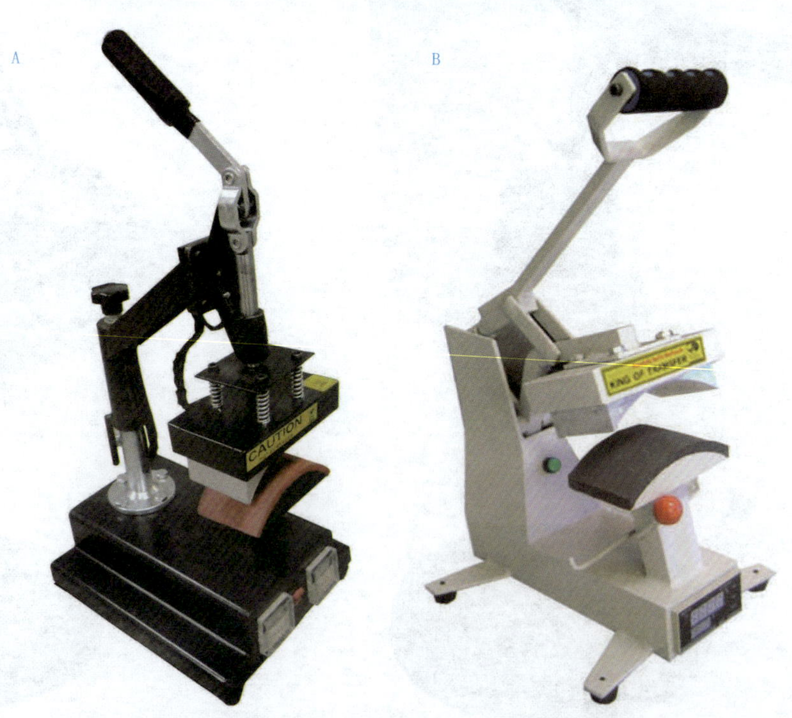

上面介绍一些开设个性化印刷店常用的设备，随着现在数码热转印技术的发展，多功能的热转印设备也开始出现，如八合一多功能热转印机，该机包括数控主机一台，平板机部件一个（29cm×38cm），圆柱形烤杯部件2个（5~7.5cm，7.5~9.0cm），锥形烤杯部件2个（12Ooz和17Ooz锥形杯垫），烤盘部件2个（直径12cm和15cm），烤帽部件1个（8cm ×15cm），可以制作个性杯子、T恤、瓷盘、帽子等，功能十分强大。读者也可以直接购买这样一台多功能热转印机，完成个性杯子、T恤、盘子和帽子的制作。

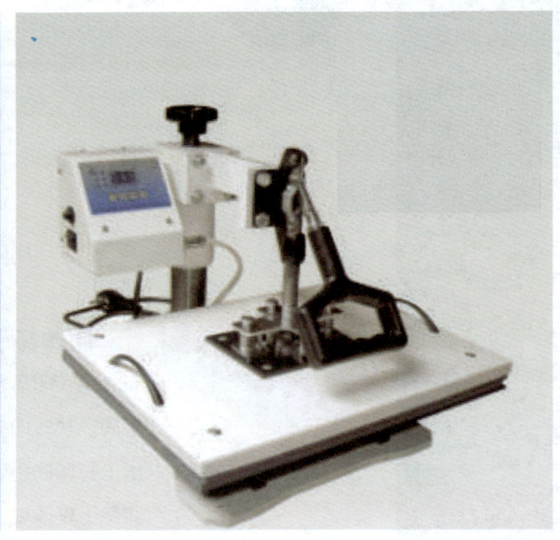

多功能热转印机

未来的设备将会向着功能更加集中、外形更加美观的方向发展。下图的机器是“印趣坊”公司研制的一体机，该机结构有电脑主机（内含定制软件）、触摸操作屏、显示屏和打印机。照片通过无线传输到一体机上，选择要制作的产品，用模板设计图片，打印到转移纸上，然后进行个性产品（杯子、T恤、盘子等）制作。整个过程3分钟就可以完成。除了通过无线传输，把照片传输到电脑外，还可以插入SD卡、手机卡等，或者通过微信将照片传输到电脑上，只要照片传到了电脑上，一切就是按部就班地操作机器，就可以完成个性产品的制作了。这样的一体机即将生产，读者也可以购买一台这样的机器，有这样一台机器就可以开店了！

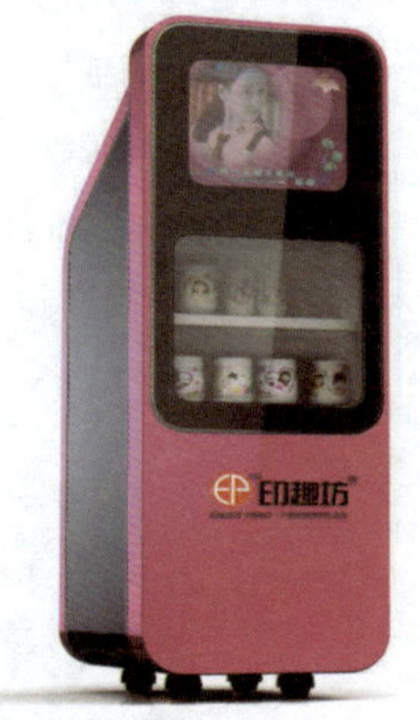

“印趣坊”一体机。

2 热转印耗材

个性印刷店使用得较多的耗材就是热转印墨水和热转印纸。

制作杯子的耗材

热转印墨水也叫热升华墨水，是一种分散染料墨水，属于水性墨水，与其他的墨
不同。热转印墨水要经过高温把颜色转印到物品上才显示出本来的色彩，起初在热转
纸上打印的色彩并非最终颜色，要经过转印后才能显现出原来的色彩。因为热升华墨
实际上是改变了承印物的表面颜色，所以承印物和墨水颜色之间的匹配较为困难。因
承印物的颜色必须比最后印刷出来需要的颜色浅，因为热升华墨水在颜色较深的承印
表面上的颜色变化往往不太明显。

A是热转印墨水。B是烤杯专用的喷墨转印纸，有A3、A4幅面的，100张/包。
转印纸与一般纸张有很大区别，普通印刷用纸表面经过涂布处理后成热转印纸，热转
纸能吸收水性油墨，又能使油墨滴不向周边扩散，从而完整地保持图案原有的色彩和
晰度。在高温状态下又将吸收的热转印墨水完全从纸张中释放出来，分散率达95%
上，将颜色转移到承印物表面。C为烤杯专用无痕耐高温胶带，30米/卷，宽0.4cm

A

B

C

制作个性T恤的耗材

A为热升华转印纸，属于涂层纸，是化纤或者混纺面料的个性T恤衫专用热转印纸，适合在浅色化纤衣物上印制图案，同时也可用来制作个性杯子、瓷盘等。通过该转印纸转印的图案色彩还原度高，是转印化纤、混纺面料T恤、个性文化衫的最佳选择，水洗100%不掉色。热升华转印纸必须用热升华转印墨水打印，A4规格，100张/包。B为美国AW（Air Waves）浅色转印纸，适合在浅色的100%棉布，包括在T恤、帽子等上印制图案，浅色转印纸最好使用防水颜料墨水打印，A4规格，100张/包。C为美国AW深色转印纸，适合在深色的100%棉布，包含在T恤、帽子等上印制图案，深色热转印纸同样建议使用防水颜料墨水打印，A4规格，100张/包。通过AW深色和浅色转印纸转印的图案色彩还原度高，不起皱，有弹性，撕扯不开裂，手感极佳，无厚重感，是转印T恤、印制个性文化衫的最佳选择，水洗不脱落不掉色。D为专用喷墨转印纸，A3/A4幅面，100张/包，表面细腻，陶瓷、金属、布料（涤纶、化纤、半棉、丝类）等材质转印专用纸，特级墨水转印量不及热升华纸。E是国产的浅色T恤转印纸，A3和A4幅面。美国转印纸由于按照统一的行业标准生产，品质超薄、柔软、透气、颜色逼真鲜艳、洗涤不脱色、更不会爆皮龟裂，洗涤后图案和衣服完全渗透。美国进口转印纸非常受各国个性服饰定制商欢迎。中国目前尚未实施热转印纸行业技术标准，国产转印纸手感厚、转印后图案不透气、颜色偏色、颜色发暗、拉伸表面易裂、容易脱落、洗涤后起皮、染色等，因此为了保证质量，制作个性T恤时建议购买美国热转印纸。

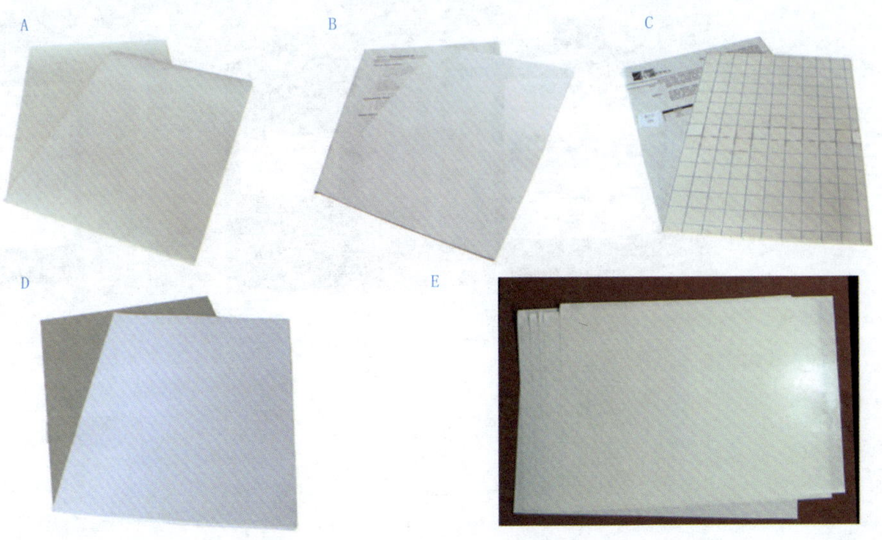

制作个性水晶相关的耗材：A.水晶紫外固化灯管、B.免打磨水晶胶片、C.水晶胶水、D.半透明水晶胶水、E.夜光胶水。

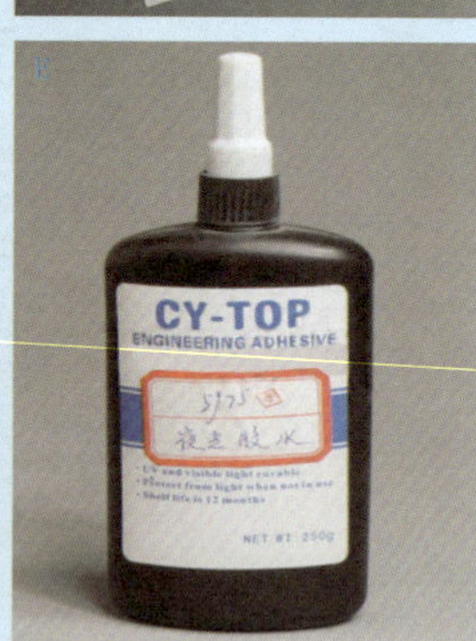

热转印杯

有白杯、边彩杯、全变色杯、局部变色杯、内彩杯、全彩杯、夜光杯、金属杯等各种样子的陶瓷，还有玻璃杯，铝塑杯等。进货的时候需要注意收集杯子的直径、高度等信息，看自己使用的拷杯机的杯垫尺寸是否满足杯子的尺寸要求。批发价白杯的价格较便宜，每个为4~6元，彩色杯子稍贵一些，每个为5~10元，变色杯子和夜光杯子最贵，每个为8~15元。

T恤

通过热转印制作个性T恤，最好是准备一些在领口、下摆、袖口和面料上不同的无图案的T恤供顾客选择。T恤的面料有：涤棉，指涤纶与棉的混纺织物的统称，优点是抗皱性好、洗涤不易变形，缺点是容易起毛，衣着舒适度较纯棉稍差；100%棉，这是比较常用的T恤面料，保持着纯棉优越的天然特性，亲肤性好，透气性好，吸湿性好。如果预算不多，又想穿着舒适，这一款不失为一个好的选择；莱卡棉，具有悬垂性及折痕恢复能力，这是织造过程植入氨纶的弹性棉面料，手感好，比较贴身，凸显身材，有弹性，尤其适宜贴身衣着。要注意的是，这款面料要做好防缩水处理；丝光棉，经精纺制成高织纱，丝光棉面料以棉为原料。再经烧毛、丝光等特殊的加工工序，制成光洁亮丽、柔软抗皱的高品质丝光纱线。以这种原料制成的高品质T恤面料，不只完全保存了原棉优良的天然特性，而且具有丝一般的光泽，织物手感柔软，吸湿透气，弹性与垂感颇佳，加之花色丰富，穿起来舒适而随意，充分体现了穿者的气质与品位。一般用于热转印加工的T恤主要是涤棉和100%棉面料。由于现在很多人是在网上购买T恤，然后进行个性T恤制作，因此开店时不需要准备太多T恤。

水晶白胚

水晶白胚又称水晶毛胚、水晶毛料，泛指未做影像之前的已经抛光好的透明水晶料，也可以泛指水晶工艺品行业未经最后加工的水晶半成品，主要用于水晶礼品行业。按用途分，可分为水晶办公用品、水晶挂件、水晶饰品、水晶摆件、音乐系列、异型冰山等。按制作工艺分，可分为水晶白胚、水晶影像、水晶雕刻。按材料分，可分为天然水晶礼品与人造水晶。使用水晶制品时要注意：不可用水晶玻璃制品盛装热水，以免玻璃内含的铅成分因过热析出，影响人身体健康。水晶硬度不高，一定要温柔地对待，使用时要避免刮伤的出现。水晶玻璃表面光滑，清洁时容易滑落，最好利用棉手套干洗擦拭。水洗时要用温和的肥皂水擦洗，再以温水清洗，最后用干净的抹布抹去水分。某些非一体成型的水晶玻璃摆饰，结合处可能由胶粘而成，切不可直接冲洗。水晶白胚的价格差距还是比较大的，水晶挂件和饰品价格一般10元左右一个，造型简单的水晶白胚一般10~30元一个，而造型复杂的水晶白胚价格一般40~80元一个，批发价格会相对低些，但是水晶白胚相对来说较贵，建议不要进太多货，以免占用资金。

转印盘子

转印盘子主要有陶瓷盘、金属盘、夜光盘等。有8寸白盘，8寸金边盘、10寸金边盘、8寸荷叶花边盘、8寸草莓花边盘、8寸白色夜光盘、4寸不锈钢材质金属盘、6寸不锈钢材质金属盘、8寸曲边金属盘、椭圆金属盘等。寸数相同的盘子可以转印的直径也是不同的，在购买烤盘垫和处理图像时都要注意购买盘子的实际可以转印的尺寸。

利用数码热转印技术开个性化印刷店，需要烤杯机、平面烫画机、烤盘机、烤帽机、水晶机、公仔机、徽章机等，除了这些热转印设备及相关耗材外，还需要其他一些小的辅助工具，如剪刀、裁纸刀、直尺等。在选购设备的时候考虑到创业资金紧张，所以我们推荐的一些设备基本上也都是几千元的小设备，成本不是很高也不是很占空间，而且可以随意移动，如果有资金能开固定店面，可以在店里找一个角落进行操作，如果没有店面，在家里也可以进行操作。当然了，还需要准备一些产品原料，如没有印刷图案的杯子、T恤、水晶等。上面的所需材料都是在网上可以直接购买的，由于购买的数量和对品质的要求不一样，价钱也不是很一致。现在网上购物很普遍也很方便，很多顾客是带着自己网上购买的杯子、T恤等进行个性化制作。因此不必准备太多原料，以免增加投资成本和积压产品。我们在本书中列举的四款个性印刷制品都属于用途比较广、制作简单快捷的，成本低、利润高的产品。根据个人的投资大小可以四台设备都购置，也可以单独购置一台作为重点发展。随着现在数码热转印技术的发展，多功能的热转印设备也开始出现，如八合一多功能热转印机，该机包括数控主机1台、平板机部件1个（29cm×38cm），圆柱形烤杯部件2个（5~7.5cm，7.5~9cm）、锥形烤杯部件2个（12Ooz和17Ooz锥形杯垫）、烤盘部件2个（直径12cm和15cm）、烤帽部件1个（8cm×15cm），可以制作个性杯子、T恤、瓷盘、帽子等，功能十分多。读者也可以直接购买这样一台多功能热转印机，完成个性杯子、T恤、盘子和帽子的制作。

3 人员需求

我们开个性化印刷小店制作杯、T恤等采用的是数码喷墨升华热转印技术，就是用数码相机、扫描仪或专业图库将图像数据化，通过电脑进行图像处理与设计，制成所需要的色彩艳丽、层次细腻的图像，再通过装有专用升华热转印油墨的压电式喷墨打印机，将升华油墨按照电脑设计的图像打印在转印纸上，然后将转印纸上的图像通过烤杯机、平板机等在几分钟内转印到杯子、文化衫等物品上。

以上的知识只是作为开店时对于这个行业的了解性知识，事实上如果不具备这样的知识也可以开一个个性印刷小店，因为现有的设备都是直接打开电源开关按照要求设定好时间和温度就可以了，完全不需要复杂操作，所以开店的人员配置方面只需要一个懂制图软件、会进行图像处理的人就完全可以了。由于制作工艺简单，一个人就可以完成整个制作过程。

4 技术需求

设备基本原理

从热升华转印的原理来说，每一台热转印设备就是一个不同形状的发热体，通过外加的一个温度控制器使发热体的温度控制在一个范围内。同时为了方便控制升华转印的时间，再加上一个时间控制器，当达到设定的时间后，会提醒使用者。

从电路原理来说，热转印设备是一个温度控制器和时间控制器共同控制一个电热器件，温度和时间都可以预先设置，电热器件的温度稳定在设置的值上，时间也会在达到设定值后，自动断开电源。当然，这个发热体是根据转印不同产品而做成圆柱、方形平面、圆面、圆形面等形状，以便转印不同的产品。

技术原理

热转印主要有升华热转移印刷、脱墨热转移印刷、植绒热转移印刷、热转移打印等。

升华热转移印刷

用纸做载体，用升华油墨印刷，转移印刷时加热图文即可转到承印物上。所用油墨由升华染料配制而成，多应用于合成纤维织物的转移印花。热升华转印技术主要特点是转印图像色彩鲜艳，层次丰富，效果可与印刷媲美。与印刷不同之处在于转印油墨中的染料受热升华，渗入物体表面，凝华后即形成色彩亮丽的图像。热转印产品经久耐用，图像不易脱落、龟裂和褪色。

脱墨热转移印刷

用纸或薄膜做载体，用塑胶油墨印刷，因油墨中含有热熔性连结料，一般不印背胶。转移印刷时加热加压，墨层受热后连结料熔化与承印物黏结。揭除载体时，图文墨层即可与载体脱离而转移到承印物上。

植绒热转移印刷

用纸做载体，先在纸上预涂一层热熔胶，然后在胶面植绒，再在绒面上用热熔性墨（实为配成溶液的热熔胶）印刷图文。适用范围广泛，通常可用于女丝袜、男棉袜、服装商标、针织童装等，图案有立体效果，并可多色搭配，烫后柔软、有弹性，附着力强。

热转移打印

简单地说，就是用热和压力将油墨从炭带介质转印到纸或薄膜的过程，主要用于标签印刷。当标签通过打印机的打印头和压轴时，通过热和压力将油墨转印到标签上。

压力转移印刷如压敏转移印刷，印刷载体一般用薄膜，预先涂脱离层然后印图文，背胶用特制的压敏胶做印墨进行印刷。转移印刷时，在薄膜光面对准图文加压，即可将图文转印到承印物上。

知识储备

电脑操作知识

图形、图像软件的使用。

可参考市场上各种软件使用图书（Photoshop、Illustrator、Indesign）。

印刷基础知识

对印刷基础知识要有充分的储备，以适应客户对不同产品所需要的问题的咨询。

可参考《印刷图文复制原理与工艺》、《特种印刷技术》、《印刷实训指导手册》、《印刷包装商务英语》等图书。

印刷计价知识

熟悉印刷行业报价行情，掌握快速报价技巧。

可参考《印刷业务员必读手册》、《印刷生产跟单手册》、《印刷计价实务手册》等图书。

印刷管理知识

人员管理、设备管理、精益管理。

可参考《增值印刷》、《现代印刷企业管理与法规》、《印刷营业手册》、《印刷企业ERP》等图书。

工具书

《设计与印刷标准色谱》、《开纸设计实用手册》。

特色印刷店的店面准备 03

1 店面的选址

开店做生意，要做到天时、地利、人和三者皆有，生意经营才会兴旺发达。天时就是选择做生意的时机，地利关系地址选择，经营场所选取好了，才能造就“人”和“地”的美好环境，场所不选好，即使商品齐全、服务周到，也可能门庭冷落。所以选址是一个非常关键的环节。如何在众多店铺中选个好店址呢？下面的六个商业圈中的店铺介绍按从好到次的顺序排列，可以在这些商业圈中根据自己的需要进行大体上的开店选址。

商业闹市区

此地段是人们约会、聊天、逛街、休息等的云集场所，自然也是开店最适当的地点，相对而言也是所需投资较大的地段。周末及假日顾客较多，当然也就好赚钱。

学校周边

学校附近是一个很好的地段，学生同时也是最注重时尚和个性的人群，花钱的动机，除了看书、学习之外，还有同学聚会、生日聚会、照相、娱乐等们消费的随机性较大，看见自己喜爱的价格又不是太高的东西绝不放过，同时附近也无明显的高峰与清淡时段的区分，但受寒暑假的影响相对大一些，不过系，这段时间正好休整一下，做好迎接开学高峰期的准备。

旅游景点

用热转印技术做的个性化东西是最有纪念意义的，能将自己在某旅游胜的照片印在杯子上，在别人面前显示是一种荣耀，而人们在旅游时也是最舍得的。纵使贵一点儿也无所谓。

写字楼周边

写字楼周边的销售对象以上班族为主，他们有一定的经济实力，对于个性化的东西也容易接受，但要不断创造新奇感以吸引他们经常光顾。同时，很多公司也希望定制一些个性化的宣传用品，或者送给客户个性化礼品，这也会带来商机。

以上关于场地的分类是最基本的，但是到了具体操作时，要根据自己的开店经营定位进行市场调研选址。做生意本来就是件辛苦事，特别是刚刚进入这个行业时，选址是件头等大事，一定要进行实地考察做好市场调查，在寻找一个好店址时，单纯的技巧是不管用的。即使看再多的书，在脑海里或纸上设计再多的方案也无济于事。只有亲自跑到大街小巷去，多看，多问，才会找到适合开店的好店址。

市场调查既可以弄清楚店址的具体位置，还能调查诸如周围环境、客流量多少，店址是否具有发展潜力等问题。多调查是选择店址的最好方法，但光跑、光看还不行，还要记得多询问，了解店铺周围商店的经营或其他与经营无关的情况，如治安、卫生、水电、停车等相关信息，有时还会得到意想不到的收获。

同一个商圈里的几家店面，如何进行选择呢？

同样都在一个商业圈有几个店面价位差异不大，到底选哪个呢？下面的建议是多年开店的老板们公认的经验，读者不妨耐心阅读一下，会给你很大的帮助。

（1）要选择较少障碍物的一边。许多时候，行人为了过马路，因而集中精力去躲避车辆或其他来往行人，却忽略了一旁的店铺。

（2）选择接近人们聚集的场所。如剧院、电影院、公园等娱乐场所附近，或者大工厂、机关附近，这一方面可吸引出入行人，另一方面易于使顾客记住该店铺的地点。

（3）选择人口增加较快的地方。企业、居民区和市政的发展，会给店铺带来更多的顾客，并使其更具发展潜力。

（4）要有“傍大款”意识，即把店铺开在著名连锁店或品牌店附近，甚至可以开在它的旁边。与超市、商厦、饭店、24小时药店、咖啡店、茶艺馆、酒吧、学校、银行、邮局、洗衣店、冲印店、社区服务中心、社区文化体育活动中心等集客力较强的品牌门店和公共场所相邻。例如，创业想经营吃的，那就将店铺开在“麦当劳”、“肯德基”的周围。因为，这些著名的洋快餐在选择店址前已做过大量细致的市场调查，挨着它们开店，不仅可省去考察场地的时间和精力，还可以借助它们的品牌效应“捡”些顾客。

（5）东西走向街道最好坐北朝南；南北走向街道最好坐西朝东，尽可能位于十字路口的西北拐角。另外，三叉路口是好地方；在坡路上开店不可取；路面与店铺地面高低不能太悬殊。

（6）选址要有前瞻性。并不是所有的“黄金市口”都一定赚钱，有时遇到市政规划变动，热闹的地段也有可能变成冷僻之地。因此，创业者在选址时要眼光放远些，多了解该地区将来的发展情况，因为随着对城市改造、规划的不断深入，越来越多的道路面临着拓建、改造的可能，在这种情况下，选择路边的店面最容易受到影响。

（7）要选择有广告空间的店面。有的店面没有独立门面，店门前自然就失去独立的广告空间，也就使你失去了在店前“发挥”营销智慧的空间。

（8）同一楼层、不同位置的商铺售价不尽相同，尽可能选择可视性较好、前无遮挡物的商铺。

（9）交通便利。在主要车站的附近，或者在顾客步行不超过20分钟的路程内的街道设店。选择哪一边较有利于经营，需要观察马路两边行人流量，以行人较多的一边为好。

（10）要尽量避免在受交通管制的街道选址，店铺门前要有适合停放车辆的位置。

很多城市为了便于交通管理，在一些主要街道会设置交通管制，例如单向通行、限制车辆种类、限制通行时间等，店铺选址应该避免这些地方。也尽量不要在道路中间设有隔离栏的街道开店，因为这样会限制对面的人流过来，即使你的店铺招牌做得再惹眼，对面的顾客也只能“望店兴叹”。交通方便是选择店铺位置的条件之一，店铺附近最好有公交车站点，以及为出租车提供的上下车站等。另外，店铺门前或附近应该有便于停放车辆的停车场或空地，这样会更方便顾客购物。

选定了店址，那如何节省租金呢？

确定店面的具体位置后，当然想用最低的租金拿到最心仪的店面，那么下面的一些建议也可能对你会有点儿小小的帮助，让你节省一些租金。

（1）多渠道了解租房信息。初次创业者有许多喜欢通过报纸广告、房屋中介、房地产交易会、互联网等了解商铺信息。其实，商铺市场有个“2:8法则”，即公开出租信息的店铺只占总数的20%，而以私下转让等方式进行隐蔽交易的却占80%。所以，也许你之前想定下要租的店面的旁边可能就隐藏着更便宜的店面，多在附近打听打听，广开渠道，多管齐下，没准就能找到更便宜的商铺。

（2）团体租赁更省钱。目前，十几平方米的小商铺很抢手，租金因此水涨船高，而一二百平方米的大商铺却因滞租而身价下跌。在这种情况下，建议几个创业者以团体租赁的方式低价“吃”下大商铺，然后再进行分割，细算下来能节省不少费用。

（3）选择由冷变热的区位。与其选择现在被商家看好的店铺经营位置，不如选择不远的将来由冷变热、目前未被看好的街道或市区。

但总的来说好店址租金高。因为好店面的高租金并不是一两天形成的，也不是房东可以任意抬高的，它是房东和租客在长期利润分成较量中形成的。越是大众生意，就越要舍得在店址上投资。在那些高店租的繁华地带，不要惧怕那里的高店租。在通常情况下，只要经营方向、经营策略、选择的货源没有问题，在这些地方往往是高投入高回报。当然，在投资前必须认真分析选择这个店址、投入这笔资金能带来多大的效益，创业者所要在此销售的商品的利润空间是不是够大。

还有些特别需要注意的地方，我们可不能忽略！

（1）考察人流量时要注意不要以为过路人便都是自己的顾客，来往行人越多生意就越兴隆，这种想法是极其错误的。如果那些来往的行人是带着某种明确目的的人，那么这些店就拉不住这类顾客。一些商业街的行人就是这样。商业街的行人往往带有很明确的办事目的，恐怕很少有人会冲动地上馆子进去用餐。相反，游乐街上的行人就不同，他们不是非在什么时候赶到什么地点、办完什么事情不可。因此，在选择什么样的街道设店时，不但应当考虑来往行人的数量，而且还应考虑来往行人的性质。

（2）要注意事先了解店铺近期是否有被拆迁的可能，房屋是否存在产权上的纠纷或其他问题。

随着城市的快速发展，旧城改造是经营中可能遇到的，开设店铺首先要调查和了解当地的城市规划情况，避免在容易拆迁的“危险”地区设置店铺。在租赁房屋时，还要调查了解该房屋的使用情况，例如建筑质量，房屋业主是否拥有产权或其他债务上的纠纷等，这些细节方面的忽略往往会导致店铺的“夭折”，给自己带来巨大的损失。

（3）要注意与房东签订的合同是否合法，店铺产权关系是否明晰。

一般店铺产权至少可使（租）用5年，为了达成压低房租的目的，至少应签订5年甚至更长的租赁期限。除了谈妥租金外，还要注意谈妥有关的附加条件，以便节省开支。比如是否能正常供暖、通水、通电和通电话，是否可对店面的房顶、地板和墙壁等做基本的修缮，添置或维修水电设施等。关于基础设施等应在合同中事先约定，避免未来与房东产生不必要的纠纷。签订合同时最好找专业律师进行咨询，保证合同合法、完善，以免日后产生不必要的纠纷。

（4）虽然“同行密集客自来”，是经商古训。人流吸引人流，商业吸引商业，生意大家做，才能造成一方繁荣的景象。在商业经营中，在某一些街道或地点，集中经营同一类商品，以其商品品种齐、服务配套完善为特色，可吸引大量慕名而来的顾客。事实证明，对那些经营耐用品的店铺来说，若能集中在某一个地段或街区，则更能招徕顾客。因为人们一想到购买某商品就会自然而然地想起这个地方。但是作为经营个性化印刷店来说，可以选址在开各种印刷店比较多的地方，且最好选址不要有三家以上经营个性化印刷店的地方，这样比较难突出特色，反而容易陷入价格战之中。

（5）注意租金的性价比。不同地理环境、交通条件、建筑物结构的店面，租金会有很大出入，有时甚至相差十几倍。对创业者来说，不能仅看表面的价格，而应考虑租金的性价比问题。举例来说，对月收入在2万元左右的饮食店，其月租金在3000~5000元比较合适，能保证一定的毛利率。

（6）选择适宜的商铺面积。商铺投资与一般物业投资有所不同，各种行业的租户对商铺的面积需求不一样。以服装和餐饮为例，一般来说，一家小型服装店的经营面积达到30平方米左右即可，而一家小型餐饮店的经营面积则需要50平方米左右。如果一味追求小面积，那么商铺所能承受的行业将相当有限，商铺使用的灵活性会大打折扣，无形中为将来商铺出租或转租增加了一定难度。如果商铺没有合适的租户，租金回报自然无从谈起。所以在资金允许的范围内要选择大一点儿的面积，这样为以后经营扩展或者是转行留有余地。

2 店面投资预算

前面已经介绍了如何进行店面的选址，根据选址的地理位置不同，随着繁华程度增加店面的租金价位也会增加，所以建议根据自己手中进行投资的金额确定在什么地方选址租店。

我们以5万元作为投资总资金的开店预算供大家参考，根据大家决定投资的金额可以进行适当调整。

内容	金额	要点	备注
房租	12000元	每月房租按2000元计算，2000×6=12000元	房租一般是半年付或者是一年付，跟房东谈好可以一个季度付一次。建议能最好季度付款，这样首次投入的房租金额会比较少，能缓解开店的资金压力
店面装修	5000~10000元	如果接手的是已经装修很好的店面，租金会比较高，但是装修费用就相对会比较少	房租和店面装修一般是结合在一起考虑
主要热转印设备	5000~10000元	这个部分的投资是比较灵活的，最便宜的机器仅几百元（如最简单的烤帽机400元），也有一两千元一个的，也可以买最好的"印趣坊"一体机	一般推荐先买烤杯机、制作个性T恤的平板机、制作公仔的机器公仔机。主要是这个设备投资比较少，而且生产的产品比较大众，更容易推销
电脑 打印机	2000~5000元		电脑配置组装机和品牌机差价很大，因为做热转印产品时对图像处理的要求不是很高，所以一般配置的电脑就可以了，不需要专业制图的电脑。打印机的价格也不等，从几百元到几千元都有，建议在初期创业时不要只考虑价格因素还应该考虑耐用、后期墨盒替换是否方便等问题，最好选择中等价位的产品
基础材料	2000~5000元	购买热转印耗材：烤杯垫，160元左右一个；热转印墨水，四色或六色一组，500~700元左右；普通热转印纸，100元左右一包、用于T恤转印用的热转印纸，400元左右；耐高温胶带，15元左右一卷；隔热布，20元左右一块；还有购买水晶胶片、水晶胶水等的费用。购买产品耗材：购买各种热转印杯，价钱4~15元/个；普通纯棉T恤，15~50元/件，还有购买水晶胚料，一般40~80元/个，水晶挂件会相对便宜很多，10元钱左右一个	批发的量越大，价格会越便宜，但是建议初次创业的读者，不要只考虑价格便宜而大量地购进一些基础材料，尤其是在网络上购物时要考虑商家产品是否物有所值，是否会存在欺诈行为。一般可以小批量购置，和商家长期合作。也可以制作产品耗材样本，让消费者挑选好款式后，再购买回来加工制作。这样可以节省很多资金，同时会给消费者更多的选择
其他辅助材料	1000元	如剪刀、裁纸刀、胶水等	
合计	27000~43000元		

以上的参考数据根据城市不同会有浮动，初次创业者一定要多到市场调研，通过对大的卖场、批发市场、网络购物三种渠道的了解才能花最少的钱买最实惠的东西。切忌没有计划随意购置。这样会造成后期投资不断加大。

以上的投资计划只是一个一次性固定投资数，每个月还会有水电费、电话费、网络费等，还有雇用的人员的工资等其他费用，这个都是后期每个月的投资。所以一次性投资的金额不能超过自己投资总金额的70%，还要留30%作为后期费用。

有了大致的投资规划，一定还要有关于收益的计划。要了解多久才能收回投资并且确定自己的理想收益金额。只有确定了合理的收益计划才能有步骤地推进投资计划，才能让投资者时刻保持干劲十足的状态。切忌想“一口吃个大胖子”，不要梦想开店一两个月就会挣回所有投资，这样的利润是不可能的。人对新鲜事物有一个接受的过程，让人了解店里的产品也是需要通过各种宣传方式、经一段时间才能做好，所以确定收回投资的时间一般按照半年到一年比较好。

仍然以上面的投资计划数字为例，简单进行收益计算：

资金类别	明细内容
固定支出	房租2000元，设备投资15000元（分12个月收回）（相当于每个月需1250元），合计3250元。人员工资2000~3000元/月
可变动支出	水电费、电话费等500元（预估数字）
收益	以T恤和杯子为例： 一件普通纯棉T恤的成本价在15~50元之间，棉质好、品牌产品价格就会高，一般一件热转印印制后的T恤卖价在50~150元之间 一个杯子的成本价在4~15元之间，造型独特，瓷质好的会价位更好，一般的卖价在30~60元之间

这样就能很清楚地算出一般卖多少杯子或者T恤之类就可以轻松保本，比如以T恤为例，每件T恤的收益在30~100元，每个月平均卖40~50件就可以保本了，其他多余卖出的都可以算盈余了。这样的销售目标还是很容易达到的。比如，制作班服，一个班就有在40多人，这样只要每月能够找到一个班级定制个性T恤作为班服就可以保本了。一般在一些高校密集的地区开设小店，还是比较容易保证收回每个月的成本的。

3 商店经营能力的提升

前面我们介绍了投资和收益如何进行规划，这里我们再介绍一下如何更好地提高经营水平。对于开一个热转印印刷特色小店来说，实现投资保本不是一个很困难的问题，但是如何更好地经营就是很值得动脑筋的问题。

如果仅仅依靠零售，那么随机性就比较大，动脑子就要考虑如何吸引顾客走进店里并且能够选择产品，那么产品的摆放和经营者的介绍语言就对后期是否交易成功起到很大作用。这样的经营方式就会需要耐心细致，需要靠口碑相传。

另外一种可以不依赖零售而作为批发性质的一次性承接多少产品的生产，比如在楼盘开售进行的宣传活动中印制宣传产品，每一件单个产品的价格不如零售的高，利润也就没有零售那么多，但是总量会比较大。还可以跟教育机构合作，给每个教育机构的学员印制特色的宣传产品。或者是与影楼合作，给新婚的夫妇制作特色纪念品。以下为一些大批量的渠道销售方式，以供创业者参考。

合作机构	可推销产品	要点提示
各种教育机构，如补习班、早教机构	杯子、帽子、T恤、盘子、水晶公仔娃娃都可以。重点是一些便宜的产品	一般小孩的好奇心会比较大，印刷上有自己照片的东西会很得到小朋友喜欢。如果是以机构名义印刷赠品之类，通常推荐不易碎的产品及价格比较低的产品，如果是纪念品之类的，可以选择质地好一些贵一些的水晶、盘子之类的
幼儿园、小学	六一或者校庆等特殊节日的纪念品。一般是帽子或者T恤	需要提前收集好相关学校的信息，最好提前三个月到半年主动联系。一般销售量都比较大，但不会是每年都需要
影楼	水晶、盘子	这个主要是针对小型影楼，大型影楼一般都有自己的加工厂。影楼主要是新婚的夫妇，成年人对品质有要求，而且有经济实力，所以推荐比较贵的特色印刷产品会比较好
超市、售楼中心的开业、店庆等庆祝活动或者是促销活动组织方	产品种类不限	主要起到广告促销的作用，所以对质量要求不是很高，价位要求会比较低
高中生、大学生、学生组织	产品种类不限、制作班服较多	高中和大学每年会有新生迎接、老生毕业等各种活动、可以跟学生社团保持长期联系，做各种纪念品。高中生班级和大学生班级会制作班服，市场量很大，基本上每个班级都会制作一件个性化的T恤作为班服，参加各种学校集体活动时穿。对T恤的质量要求比较高，以便能穿的时间较长

以上提示是可以大批量销售特色印刷产品的地方，只是作为开拓经营思路的一个小小建议，可以用到特色印刷产品的地方还很多很多，其实归根到底就是需要广告宣传、纪念用途的地方都可以考虑使用。还需要经营者自己探索。

最后有一点需要提示的是要和周边的经营店铺团结，因为良好的关系可以相互之间介绍客户，也可以在紧要时相互帮助，如果没有团结好，得罪了，新客户询问你的店址时就可能没有人告知，可能还会引出更不好的影响你声誉的话。同时，要和交警、片警、市容处好关系，俗话说“警民鱼水情”，得到了他们的支持，经营会更顺畅。

4 店面装饰

店面装饰主要从以下几个方面考虑：建筑物立面招牌、橱窗陈列空间、店面入口、色彩处理、广告和灯光等，这六个主要因素可以作为店面构成的重要组成部分，将它们进行合理组合，就可以达到吸引消费、鼓励消费的目的。出色的店面装饰能让人在行至街道、观赏街景之际，未曾消费以前就为之倾心。

下面我们就对店面的六个要素一一进行分析。

1.建筑立面招牌

建筑立面招牌即商铺招牌，反映了该商店的经营主体性，多由文字、标志或产品图片组成，它讲究独特的外形轮廓，鲜明的立面个性，这样更容易给人们留下深刻的印象。

鼓浪屿的特色小店的招牌　　在哪里“寻找生命中爱的人”？

喜欢赵小姐的茶和馅饼的橱窗陈列

2.橱窗陈列空间

橱窗陈列是将商品以实物的形态展示在店面入口处，这样可以更直接地把商品的特点、形态呈现出来，以艺术的姿态展示在顾客的面前，引人入胜、产生强烈的感染力，刺激消费欲望。

3. 店面入口

橱窗展示空间常被装饰设计师们誉为店面的“眼睛”，那么商店入口则是店面设计的“灵魂’，因为所有的努力都是为了吸引顾客入内。然而橱窗陈列空间与入口均处于店面入口处，由于店面面积有限，在进行入口设计时，需在整体造型协调、合乎行业经营惯例的前提下进行恰当的比例分配。

比较烦琐的店面入口装饰

简约的店面入口装饰

4.店面色彩

色彩在店面设计中也同等重要，在繁华步行街，想要在五光十色的店铺群落中脱颖而出，则需要在店面设计中运用色彩来塑造自我形象。店面完美形象的塑造具有举足轻重的地位。

下面两个店一红一蓝给人截然不同的感觉，一个温暖、一个冷静。

蓝色的店面色彩，给人深沉、冷静的感觉

红色的店面色彩，给人温暖的感觉

5.店面灯光

随着科学技术的发展，人们对灯光的运用越来越娴熟，灯光影像在店面设计中运用也越来越广泛，在夜间营业的商店，都市的夜景都需要光影来点缀。灯光能将都市的夜景点缀得更为辉煌、神秘。

同样一家店，白天日光下和晚上灯光下的感觉完全不同。

白天自然光下的店铺

晚上，灯光下的店铺

红砖墙上、铁艺的牌子上面都充分地用来做广告

写在小黑板上的广告，让人觉得很亲切

小小的一面墙上用不同大小的文字充分地介绍自己

6.广告

随着市场经济的发展，商业广告已成为各种传播媒介的主角。商铺的广告语、店招、店幌、店标、品牌商标等都和店面设计有着直接的关系。商铺的广告在字体、材料、尺寸方面均有讲究。在设计时需根据店铺的大小，选用合适的尺寸、恰当的配色、不哗众取宠的肌理材料和恰到好处的字形装饰。

5 店内商品陈列

一个好的店面装修只是开店硬件准备的一部分，另外一部分很重要的就是商品陈列。只有商品陈列得好，才能让消费者有可能购买商品，而且是尽可能地多买产品。所以商品的陈列要根据消费者心理因素，遵循以下原则，在本书介绍的店内陈列，不仅仅适用于开特色印刷店的要求，也可以推广到各种商店。

1．商品陈列丰富化

因为顾客到商店购物最关心的就是商品。如果货架上商品丰富，顾客潜意识中就会认为这么多的商品，肯定有一款适合我，无形中就增加了购物信心和购买兴趣。反之，如果货架上商品稀稀拉拉，营业大厅空空荡荡，顾客就会感觉很泄气，觉得商品这么少，可能不会有什么好货色，要不就是别人挑剩的。

根据消费者的这种心理，商品陈列必须摆放丰满，以显得丰富。个性化印刷店可以把各种杯子之类的印刷品集中一面墙进行展示。

这样的陈列，感觉商品很丰富哦

或者可以制成小的架子摆在桌子上，如右图。这样也可以方便对店内的布置随时进行调整，给人以耳目一新的感觉。

这样的陈列，方便随时进行店内布局的调整

2. 商品陈列有序化

现在越来越多的商家取消柜台，开架售货，给与了消费者自由选购的满足感。如果我们仔细观察，会发现一个令人惊奇的现象，消费者进店购物时，一般是逆时针行进，并伴有许多冲动性购买。商家在货位分布上要充分注意到消费者的这种行为规律，对商品进行有序摆放。受生活习惯的影响，购货通道的右侧和末端常引起顾客更多的注意，把利润较高的商品摆放在这些地方，极易获得更多的收益。

3. 商品陈列视场化

据瑞士学者研究，消费者进店后无意识展望的高度为0.7~1.7m，上下幅度1.0m左右。我们国家消费者身高比不上瑞士，我国成年人的平均身高一般为1.68m左右，根据我们测算，消费者展望的高度大致应在0.6~1.6m之间。这一高度与人的视线轴成30°角，其内的物品最容易被观察到。根据这一规律，商品陈列要集中摆放在消费者的视角之内，过高、过低都会影响销售。

这样的陈列，需要仰头才能看到商品

这样的陈列，只要平视就可以看到商品

4. 商品陈列艺术化

商品不仅要放在顾客的视角中，还要求商品在陈列时形象突出。商品本身是一个无声的推销员，但也需要别具匠心地摆放，才能在众多商品中脱颖而出。

如果说，丰富的商品吸引了顾客，使其不由自主来到柜台之前，那么，这时的顾客通常在想些什么，最关心的是什么？通常是商品的质量和外观，即商品质量好不好、外观美不美。爱美之心人皆有之。因此商家在商品陈列时，要显出商品的美，使顾客达到"我的眼中只有你"。

兔子的位置稍微偏前一点儿，一下就显出了与众不同

美丽娇嫩的花朵衬托下，旁边玻璃瓶中的产品也显出它的高贵

5. 商品陈列多彩化

美国色彩研究中心曾做过一个实验：研究人员将煮好的咖啡分别装在红、黄、绿三种颜色的咖啡杯中，让十几个人品尝比较。结果品尝者们一致认为，咖啡的味道不同。绿色杯内的咖啡酸，红色杯内的咖啡味美，黄色杯内的咖啡味淡。在实验的基础上，专家们得出结论，包装的颜色能左右人们对商品的看法。

色彩能使人产生冷暖、明暗、远近、轻重、大小的感觉，引起人兴奋、忧郁、紧张、轻松、烦躁、安定的心理感受。如玫瑰色光源给人以华贵、幽婉、高雅的感觉；淡绿色光源给人以柔和、明快的感觉；深红色刺激性较强，会使人的心理活动趋向活跃、兴奋、激昂或使人焦躁不安；蓝靛色刺激较弱，会使人的心理活动趋向平静，控制情绪发展，但也容易产生沉闷或压抑的感觉。色彩依红橙黄绿蓝靛紫的顺序排列，强弱度依次由强转弱。商家在经营时一定要注意商品的色彩搭配，必要时用灯光加以调节。从我国习惯上说，黑色象征着严肃，红色象征着热情、喜庆，白色象征着纯真、洁净，蓝色象征着安静、智慧，绿色象征着青春、生命，紫色象征着高贵、威严，玫瑰色给人以华贵高雅之感，嫩绿色给人以柔和、明快之感，橘黄色给人以兴奋、庄严之感，深红色可以激发人的情绪高涨，浅蓝色会控制人的情绪发展等。在实际运用色彩中，要考虑不同的人的个性和其他环境因素，还要根据商品本身的色彩、光线和季节的变化，合理利用单一色、临近色、色的对比等用色规律，处理好色彩的对比关系、调和关系，从而给消费者以深刻的印象。

这幅图片中的产品的颜色不一样，大小、形状也不一样，看起来有些纷杂，但是配上一个一个错落有致的格挡，就像是每个产品都分了一个“家”，有高的、有低的，有条不紊地摆放着，让杂乱生出了有序，让每个“家”中都衍生出了一个故事。在开个性印刷小店中我们也建议尽量多地排放产品，让每个精美的产品使消费者生出舍不得放下的感觉。这样无形中会增加很多消费。

多个颜色的背景让人觉得温暖且层次感很好

单一的绿色背景会让人觉得单调冷清

贴有个性明信片的明信片墙

个性化印刷的各种明信片

6. 商品陈列概念化

消费者在购买活动中经常是在想象心理支配下采取购买行动的。消费者在购物时，会考虑别人的态度，出现拿不准的情况。坚定消费者信心，就是要消除他的这种不确定性。消除不确定性的一种办法是让他事先体验到购物后的感受。适当的商品陈列可以做到这一点。通过商品陈列，营造一个特有的氛围，创造一种概念，让消费者体会到商品给自己带来的利益，打消消费者的顾虑，产生立即购买的冲动。

比如下面个性化印刷的各种明信片如果仅仅是这样在架子上展示，会让消费者犹豫要不要花这么多钱来消费，但是当他看到后面的由那么多人购买后写好字的明信片墙，就会坚定购买的决心。所以现在看到有些店里的一面墙留出来写心愿等，真的很容易打动后面进店的消费者，本书仅仅是抛砖引玉，给个小小提示，希望创业者要开发自己的思路。

1 制作个性杯子

杯子是我们日常生活中必不可少的东西，送杯子代表“一辈子”的美好心愿，而送漂亮的杯子成为情侣、朋友、夫妻等之间一种既实用又美观，同时有着良好寓意的礼物。送给他或者她一个与众不同的，展示自我个性的，或者有自己心爱之人的照片的个性化杯子，成为许多人的首选。将照片图片制作到杯子上，是目前个性印刷产品中最常见的一种。可以做成很多花样，只要发挥想象力，利用图像处理软件处理出想要的图案，就能在杯子上印刷出来，从而表现出独特的个性。下面是一些制作完成后的个性杯子，我们一起来欣赏一下吧。

这两个情侣杯子紧密地贴合在一起，代表了情侣间的亲密爱情，再印上有童趣的图案，让人爱不释手

印着简单标志的杯子很适合作为公司纪念品或者自己“到此一游”的纪念品

像这样把表达感情的话印在杯子上也很不错

像这样印上可爱宝宝的照片更是父母最爱的礼物

可以把自己喜欢的风景名胜印到杯子上欣赏或者作为旅游留念

上面这些各式各样漂亮的杯子，是不是让你爱不释手呀？你是不是也很想拥有一个自己的个性杯子？下面我们就手把手地教你如何去制作个性杯子！

个性杯子的制作步骤

1.首先准备好一张普通的转印纸，将转印纸放入打印机

注意空白页面朝上(打印面)，有横纹的页面朝下

2.打开电脑

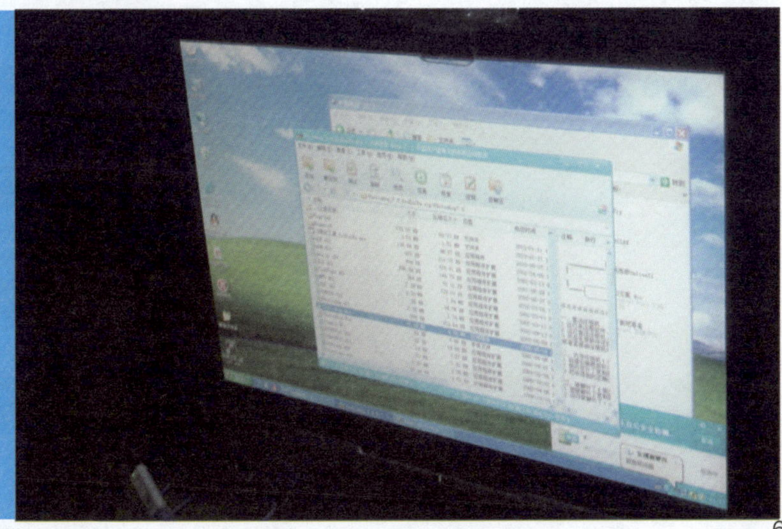

3.根据客户提供的照片，选择适合加工到杯子上的照片

一般来说，只要是数码照片，不论是生活照还是艺术照都可以进行制作，像素比较高的制作出来比较清晰，效果也比较好，像素低的会出现图片模糊失真

4.各种杯子的选择

下图是三个加入热水可变色的杯子。最左边是全变色杯子，中间和右边是一个局部变色的杯子。市面上出售的热变色杯子的外表面颜色全部是红色、紫蓝色和黑色等。

杯子外表面的颜色越深印刷后图像越不明显，黑色几乎看不到印刷的图像

一般来说，部分变色的杯子外表面都会印有一些图形，就算是不加入热水显示热转印到杯子表面的图像，就杯子本身来说也比全变色杯子要好看些。在成本价方面，部分变色和全变色杯子的差异不是很大（基本上都是几块钱）。

外表面什么颜色都没有的白杯，这种杯子成本最低，还有下面的杯口和手柄是彩色的白杯，以及杯柄有各种造型的白杯。成本价随工艺的复杂程度而增加。因为白色杯是印刷出来后效果最好的，所以白杯的使用人比较多，而且白杯相对变色杯价格低一些。

我是白色外表面的杯子，不会变色，但是售价便宜

我是杯口和手柄是彩色的白杯

我是杯口和手柄是彩色的，且手柄有造型的白杯，小朋友们很喜欢我

5.图像处理

一般最简单的可以用“美图秀秀”这样的软件进行简单图片处理，美图秀秀是一款很好用的免费图片处理软件，不用学习就会用，比Adobe Photoshop软件（简称“PS”）简单很多，有图片特效、美容、拼图、场景、边框、饰品等功能。但是进行复杂的图片处理时，还是建议用PS，这款软件是由Adobe公司开发并发行的图像处理软件。PS主要处理以像素构成的数字图像。使用其众多的编修与绘图工具，可以更有效地进行图片编辑工作。从功能上看，该软件可分为图像编辑、图像合成、校色调色及特效制作部分等。图像编辑是图像处理的基础，可以对图像做各种变换，如放大、缩小、旋转、倾斜、镜像、透视等。也可进行复制、去除斑点、修补、修饰图像的残损等。这在婚纱摄影、人像处理制作中有非常大的用处，去除人像上不满意的部分，进行美化加工，得到让人非常满意的效果。图像合成则是将几幅图像通过图层操作和工具应用合成完整的、传达意义明确的图像，这款软件提供的绘图工具让外来图像与创意很好地融合，尽可能使图像的合成天衣无缝。校色调色也是该软件中深具威力的功能之一，可方便快捷地对图像的颜色进行明暗、色偏的调整和校正，也可在不同颜色之间进行切换以满足图像在不同领域，如网页设计、印刷、多媒体等方面的应用。软件的特效制作主要由滤镜、通道及工具综合应用完成。包括图像的特效创意和特效字的制作，如油画、浮雕、石膏画、素描等常用的传统美术技巧都可由该软件特效完成。这款软件的功能很强大，它有中文版，初学者可以通过用各种工具对照片进行处理来了解软件功能。

图片处理时需要进行镜像反转，或者采用镜像打印方式。执行打印操作要选择A4类型的“转印介质”，如果进行镜像打印，需要开启“镜像打印”或“水平翻转”选项，然后将其打印出来即可。

6.打印出处理好的图片

7.对打印有图片的热转印纸进行剪裁，得到合适的尺寸

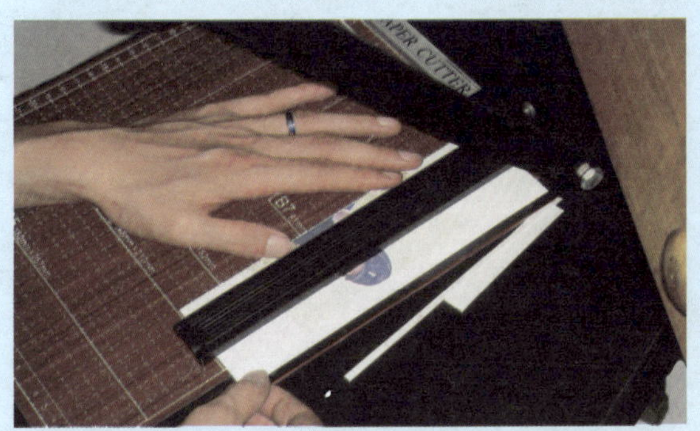

裁剪尺寸是由最终在杯子表面印刷得到图像的面积决定的

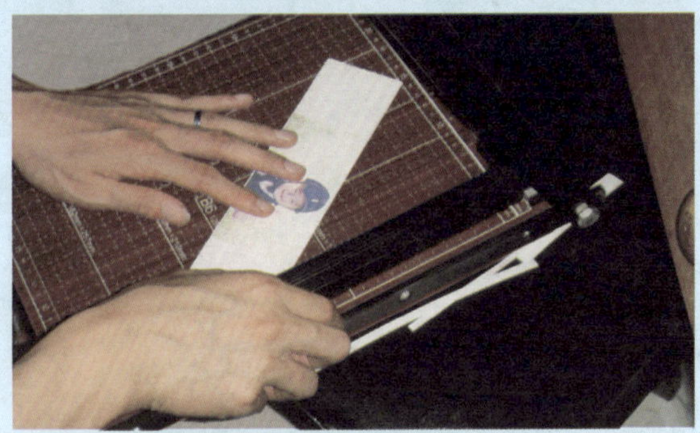

得到图像的面积受到选择的杯子表面圆周长和杯子高度影响

8.准备专用耐热的胶带

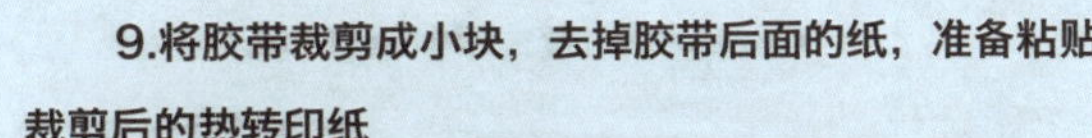

9.将胶带裁剪成小块，去掉胶带后面的纸，准备粘贴裁剪后的热转印纸

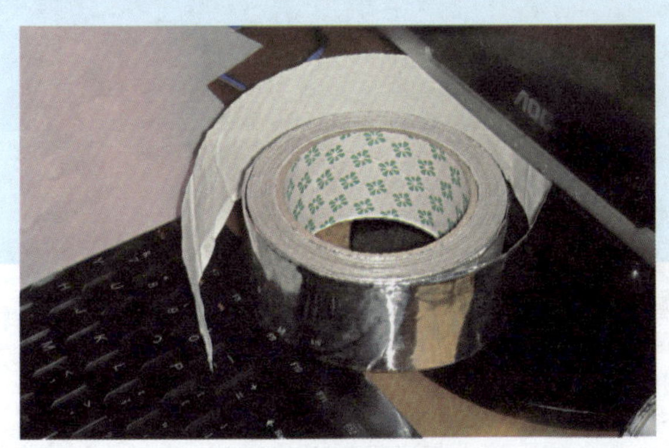

10.将裁剪后的热转印纸用胶带固定到杯子上

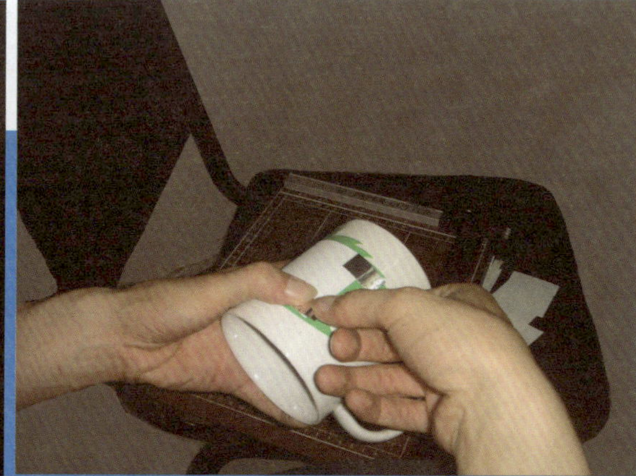

注意：热转印纸上的图像应该面向杯子

11.将印刷杯子的机器——烤杯机的开关打开进行预热

机器显示的数字表明机器温度

12.将杯子夹入烤杯机中，设置机器温度和转印时间

热转印对机器温度和转印时间的要求比较苛刻，即热转印需要一定的时间和温度才能把图案从热转印纸上转移到杯子上。热转印制作杯子一般是将温度设置在165℃，时间一般设置为60秒，等到温度显示165℃时，从开始计时，到60秒时蜂鸣器会提醒，转印完毕后关闭电源。等杯子温度降下来一些，打开夹具取出杯子。撕去杯子上的转印纸，此时杯子就显示出了漂亮的图标，刚开始杯子表面还有余热，不要用手去摸，让其自然干燥就可以。需要提醒的是，不同的烤杯机，操作方法可能有些差异，但基本原理都差不多。

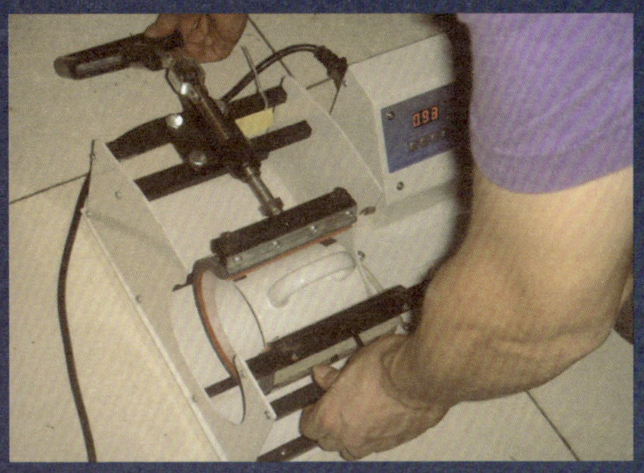

一般是将温度设置为165℃，时间为60秒

转印纸上的图案已经转移到杯子上，透过纸已经能清晰地看到图案

13.撕去杯子上的转印纸

通过将热转印前热转印纸上的图案颜色和热转印后热转印纸上的图案颜色进行对比，明显看到热转印后热转印纸上的油墨转移到杯子上，热转印纸上的图案颜色变浅了。

热转印前，热转印纸上的图案

热转印后，热转印纸上的图案颜色变浅了，四个角是固定的胶带

14.制作好的成品杯子

因为选择杯子外表面的颜色是蓝色，颜色不是很深，而且拍照的时间是夏天，所以在未加热情况下还能隐隐地看到图案，如果选择杯子外表面是黑色则不容易看到转印后的图案。

15.将杯子注入热水，产生了图像逐渐变色的过程

随着注入热水量的增加，全部图像逐渐显示出来了！

16.经过外包装就变成一份精美的礼物

制作个性杯子过程中可能出现的一些问题

1.杯子上的图案色彩偏淡，这可能是烤杯机温度设置太低或者烤杯机压力不均、烤杯时间过短引起的。

2.杯子上图案模糊不清或者图案有疤痕，这可能是烤杯时间过长，导致热转印油墨扩散。

3.杯子上图案表面无光泽，这可能是由于烤杯过程中压力过大或者烤杯温度过高引起的。

4.杯子上图案局部模糊不清，这可能是由于烤杯垫热量分布不均匀引起的，需要更换新的烤杯垫。

5.杯子上图案颜色深浅不均匀，这可能是烤杯机压力不均匀或者打印到转印纸上的图案不均匀引起的，需要检查烤杯机主机或者打印机。

6.转印纸粘到杯子上，这可能是烤杯垫温度设置太高，烤杯时间过长或者转印油墨质量不好引起的。

2 制作个性T恤

T恤是当今国际流行的服装，它柔软、舒适、休闲、穿着自由、不觉得拘
不仅男女老少都能穿，而且春夏秋冬皆很适宜，它和牛仔裤以及夹克衫成为人
大休闲服装。T恤原来是指有领的可供内外穿的针织方便衫，目前泛指的此类
衫，不限有领或无领的区别。

T恤设计相对于一般服饰的立体设计而言主要是平面设计，T恤的灵魂是T
的图案，T恤可以通过图案最直接地反映人们的精神风貌、文化品位、政治追
喜怒哀乐，并张扬个性。T恤与其他服饰相比，更受政治、文化、社会环境
响。民主的、宽松的、相融的社会环境是T恤这种特殊服装得以生存和发展的
条件。

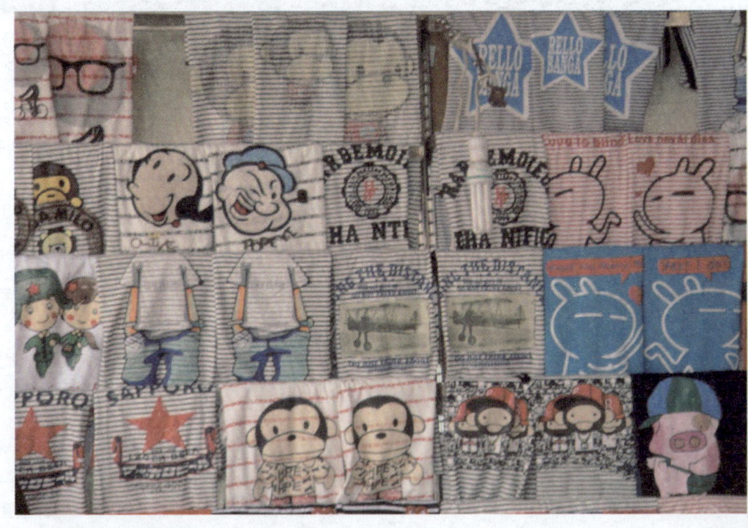

这些漂亮的个性T恤你喜欢吗？自己也来做一件吧

我们都是通过热转印技术，制作个性T恤的

这张照片中店主挂在门口的白色T恤上印有中国传统文化中的武将形象，而周围又用英文字母作为装饰对比，中西文化的碰撞和融合很好地体现在这件T恤上。

在上面的这些图片中，我们可以看到T恤的种类很多很多，通过T恤也可以表达各种思想。这些T恤的生产工艺主要有两种：一种就是针织制衣，直接织成想要的图案，这种工艺特点是原料成本高、生产工序长、设备投资大、资金占用多，属于劳动力和资金密集型产业，用这种方式生产出来的T恤产量很大，没有个性可言。而另外一种生产工艺是在纯色T恤上进行热转移，印刷上自己喜欢的图案或者是直接涂鸦自己喜欢的图案，这种工艺设备投资小，资金占用少，有技术创新和艺术创作，属于艺术技术型高附加值产业。

开个性化印刷T恤的小店只需要电脑、爱普生打印机和特殊的T恤印刷机器设备、T恤印刷原料，就可以做到随心所欲地制作个性的T恤。这样的小店对店面装修等都没有很多的要求。

鼓浪屿一个装修很简单的印刷个性T恤的小店

把T恤挂在墙上进行摆设，既简单又很漂亮

制作一件与众不同的个性T恤，能够很好地彰显自身的特点，不落于俗套，所以很多人喜欢，是一种外在的、独特的展示自我个性的方式。“不撞衫”的个性T恤成为追求个性表达的“80后”、“90后”的眼中宝。下面我们就手把手地教你如何去制作自己喜欢的个性T恤！

个性T恤的制作步骤

1.准备一张制作个性T恤的专用热转印纸作为打印纸

2.可以通过扫描仪或数码相机获取一幅图片，或者通过其他途径制作一幅图片

由于原图的大小决定最终图像的清晰程度，所以注意要保证原图本身的清晰度。我们选用的是用数码相机拍摄的数码照片，直接在电脑上用图像处理软件Photoshop对照片进行处理，调整图像大小到合适尺寸。

注意图片本身像素，应保证在100KB以上

3.打印调整好尺寸的图片

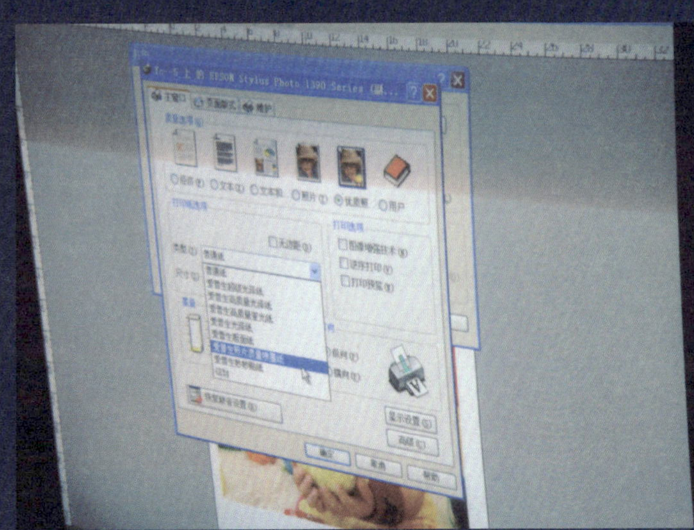

在纸张类型中选择“爱普生照片质量喷墨纸”，质量选择项目中尽量选择“优质照片”，这样的打印效果会比较好

4.打印图片

下面要做的就是，将准备好的制作个性T恤用的热转印纸空白页朝上（打印面朝上），放入打印机的进纸器中。接通打印机电源并开机打印。如果使用的T恤转印纸两面均为空白，就要看清楚纸张的纹理，带有细横纹的是其有转印介质的一面，要朝上。如果转印纸有缺角，要确保缺角放在打印机进纸器的右上方。

我们选用爱普生喷墨打印机将图片打印出来。喷墨打印机中的油墨是专门的热转印油墨。右图中打印机前右边桌子上放的跟打印机相连的就是一组油墨。

有的打印机可能需要将打印机纸厚度调节杆调节到“0”的位置

注意判断打印纸的正反面，要将塑料薄膜一面朝上，打印出图片

5.将打印后的图片进行裁剪，将图片多余的白边剪切掉

这是打印后的图片

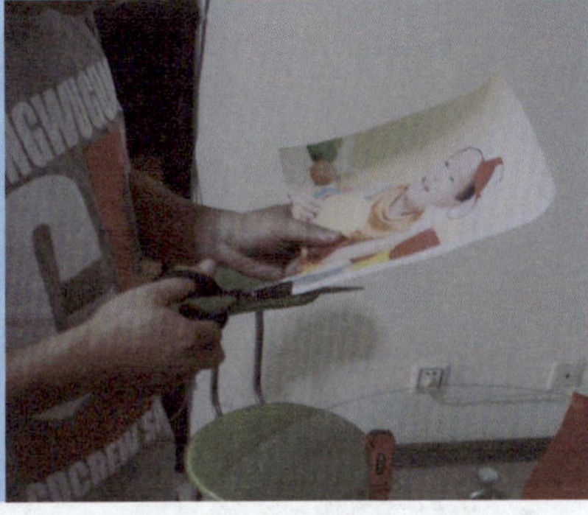

正在裁剪图片

这是裁剪好的图片

6.将剪裁好的热转印纸上打印有图像的薄膜层剥离下来

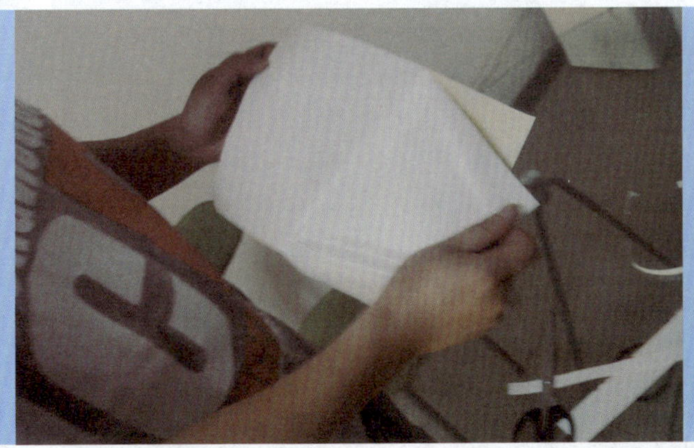

薄膜层上打印有图像

7.打开烫印机电源

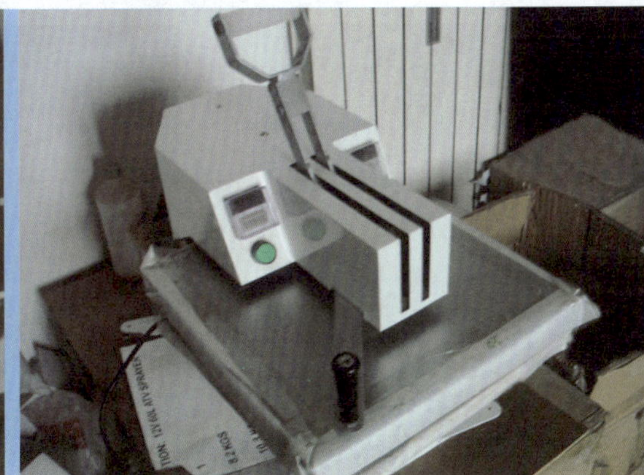

这台机器就是制作个性T恤用的烫印机

8.放置衣物及图片

先将衣服平铺到机器上，机器上有开关，按动后机器下盘会进行吸真空，将衣服紧贴在机器上，使衣服变平整。然后将剥离的印有图片的薄膜放置在衣服合适的位置。

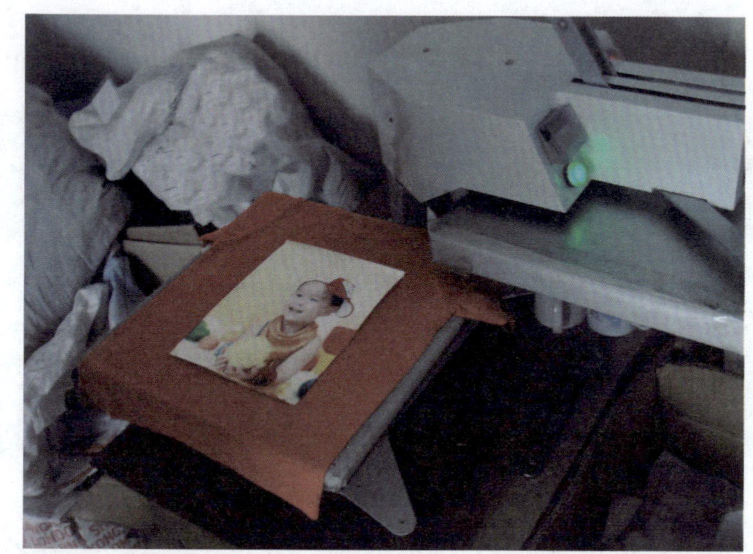

9.铺隔热布

在印有图像的薄膜上和衣服的其他位置铺一层隔热布。

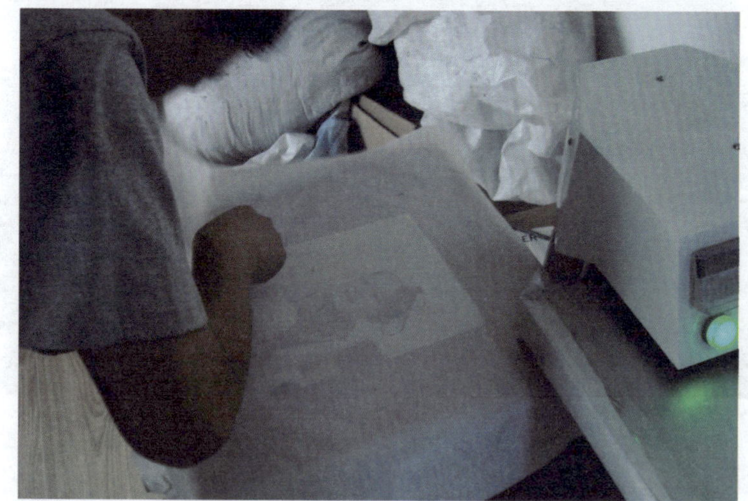

防止加热后薄膜熔化粘到机器上和弄在衣服上

10.加热

在170℃左右加热5~6秒就可以了。

机器会显示温度

11.停止加热

停止加热后将机器电源关闭。等几分钟，待温度降一些后将隔热布小心地从衣服上取下来。

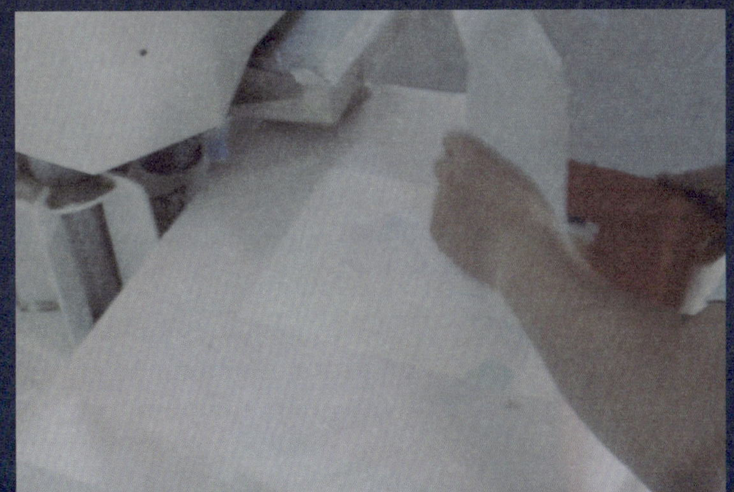

取下隔热布

12.制作完成

薄膜直接就覆在衣服上了，个性T恤制作完成。

这件个性T恤就制作完成了

需要告知客户的知识

1.刚制作好的T恤花纹处会有一点儿硬，但是洗过之后会改善。

2.新加工的T恤不要立即洗涤，在一定的图文稳定期，如2~3天后可以进行洗涤。

3.不要用手搓T恤（烫画）图案的表面（烫画图案表面材料不会附着脏物）。

4.不要用内含漂白剂的洗涤剂洗涤。

5.尽量手洗，水温40℃以下。

6.衣服最好自然晾干，不要在太阳下曝晒。

7.不要在图案上直接熨烫。

8.收藏衣物时，尽量不要折叠印花处。

晶莹剔透的纯水晶

晶莹剔透的纯水晶

3 制作个性水晶

水晶工艺品，历来凭借“晶莹剔透，一尘不染”的特色，惹人喜爱。它气派不凡，使人有心灵受净化的感觉。水晶是指天然的石英晶体，纯净的水晶非常漂亮，呈六方柱状结晶，洁净无色，闪闪发亮，并能在日光下折射出七彩颜色。如果含有杂质，就带有颜色，如著名的黄晶、紫晶等。天然的大块水晶不多，一般为人造的，采用无色石英加热到2000℃时结成透明的单晶体，通过切割、打磨等方法制作各种高级工艺品、镜片等。

用水晶制作产品有耐高温、耐磨、不易受酸碱腐蚀等性能，但是其成本高、加工效率低，实际生活中的“水晶工艺品”是用有机玻璃、透明树脂、水晶胶等塑料产品加工的，这些仿水晶塑料透明度很好，看上去像水晶，加工制作方便，原材料易购，价格也便宜，可以大批量机械生产，也可以家庭手工制作。

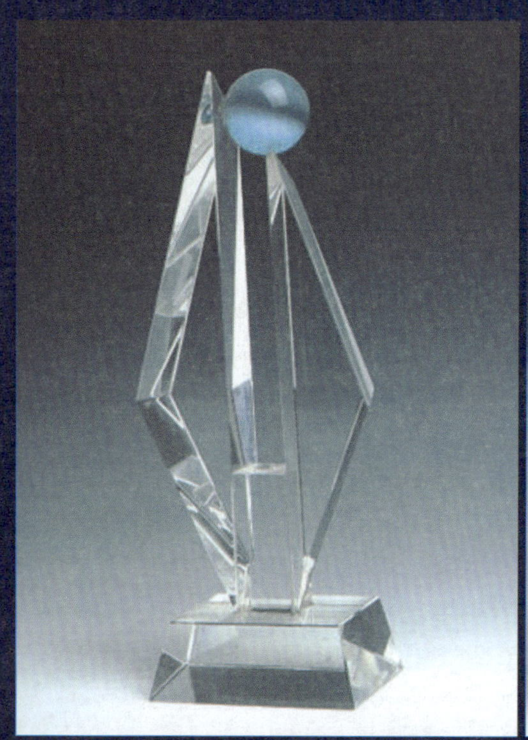

晶莹剔透的纯水晶

彩色水晶

单纯的水晶制品时间一长就有点儿觉得过于素淡了，而在水晶制品上印制彩色的图像，水晶制品仍然玲珑剔透，同时转印在水晶载体上的彩色图像，色彩异常鲜艳透明，能重现天上的云彩、虹霓，花间的露珠、水滴等景象，令人百看不厌。这样的水晶制品问世后，受到了很多人的喜爱。

这类工艺品最适合制作长久保存的纪念品，如婚纱照、青春照、欣赏小件等作为个人有意义的收藏品，同时也可应用在会议纪念品、企业宣传品、工艺礼品、旅游纪念品、装饰用品等方面，企事业单位在工艺品上印有相关的公关文字与图案，使之在被人们观赏时不知不觉起到形象宣传作用，提高了企业的知名度，也是一种很好的广告宣传品。

作为企业宣传的水晶制品

作为婚庆纪念的水晶制品

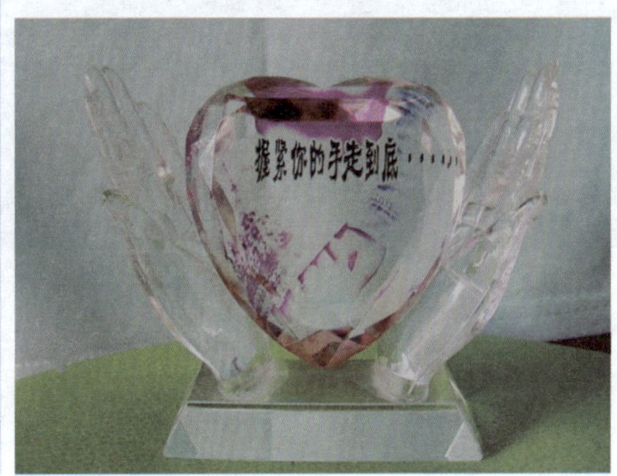

送给心爱的他或她作为礼物

制作一个能带彩色图片的水晶工艺品，其实工艺很简单，不需要很复杂的设备，手工十几分钟就可以做好了。下面我们就手把手地教你如何去制作自己喜欢的水晶工艺品！

水晶工艺品的制作步骤

1.选择顾客喜欢的水晶半成品

水晶半成品的造型有很多样式，如玫瑰造型的水晶、苹果造型的水晶、白菜造型的水晶、锁形状的水晶等，不同的造型也有不同的寓意。下面是用各种造型的水晶半成品制作的个性水晶工艺品，让我们一起来欣赏一下吧！

象征着爱情的红玫瑰水晶工艺品，中间还有个小洞可以装进香水

象征着平安的苹果造型的水晶工艺品

象征着发财的白菜造型水晶工艺品

象征着“永结同心”的同心锁造型水晶工艺品

我们选择一个造型比较复杂的玫瑰形的水晶为例子进行加工步骤的介绍。

2.拿出选择好的水晶半成品

在个性印刷店里的水晶制品一般都是半成品，这些不同造型的半成品直接在厂家可以买到，我们只需在水晶半成品上面进行图像印刷。

未印刷的水晶半成品

3.打开电脑，选择合适的照片，并用图像处理软件进行处理

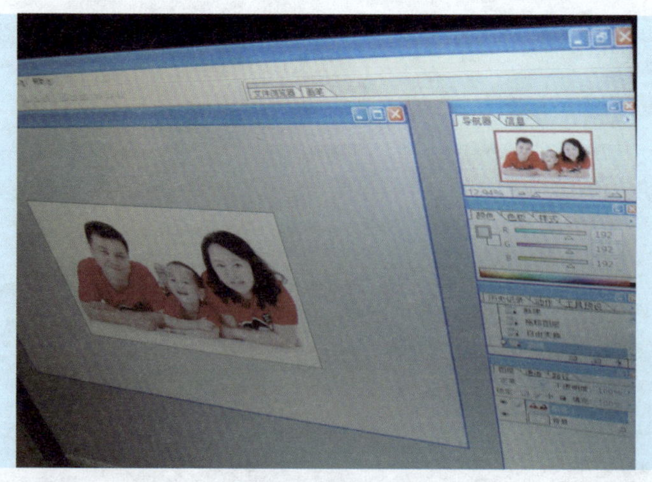

“美图秀秀” “Photoshop”图像处理软件都可以

4.处理好图片的大小后，直接打印出正影像就可以

通常可以直接把水晶半成品放到电脑屏幕上，用水晶半成品直接盖在要打印的图像上观察图像的效果，透过水晶观察到的图像效果基本上就是印刷在水晶上的图像效果，可以让顾客通过这种方法预先看一下印刷在水晶上后图像效果是否满意，如果满意图像的效果就可以直接打印图像了，如果不满意则可以继续修改。

因为水晶具有晶莹剔透的特质，所以在图像处理过程中，应尽量选择颜色比较深的图片为题材，且处理时要使用Photoshop中的曲线、色阶等调图方法，将颜色调浓，把对比度以及色阶调整稍深一些为佳。如不做这种处理的话，不透光看效果很好，但透光看就会感到颜色虚淡。

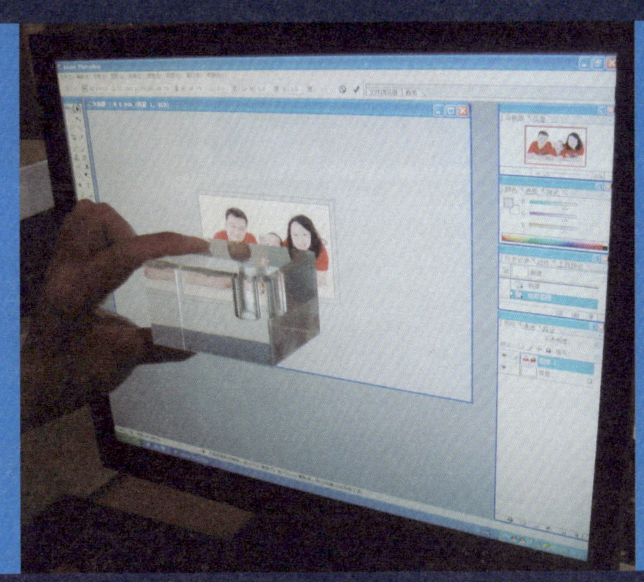

注意：打印的可是正影像，不是像制作杯子时的那种镜像影像

5.用爱普生喷墨打印机进行打印，亚克力免打磨胶片做打印材料

亚克力免打磨胶片是水晶玻璃专用的打印材料，透明胶片是两层，底层为塑料片，图像要打印吸附在一种吸水的胶质薄膜上（注意：打印前用手指蘸水来鉴定打印胶片的正反面，有胶黏状的为打印着色面），然后按正常的打印设定进行图像打印。目前市面上购买的激光打印机以及干粉打印机都无法在亚克力免打磨胶片上打印出照片级的图片，因此要在亚克力免打磨胶片上打印出照片级的图片，只有采用喷墨打印机、热升华打印机。照片级的图片转印到水晶上后效果才更好。我们采用的是爱普生喷墨打印机。

注意是喷墨打印机不是激光或者干粉打印机
有胶黏状的那面为打印着色面

亚克力免打磨胶片做打印材料

打印好图像的胶片

6.将打印好图像的胶片进行剪裁

正在裁剪胶片

7.将剪裁好的胶片涂上专用的胶水粘在水晶上

具体操作方法如下：首先取出选择的水晶半成品，用干净的纸（可用面巾纸）将粘贴面擦得很干净，必要的话可蘸酒精、清水或洗洁精来擦。然后根据水晶半成品的形状，将图像用剪刀剪下，实际大小应超出水晶面积，以便下道工序操作。最后，水平放置水晶半成品，在水晶半成品表面上缓缓地倒下一滩UV无影胶（胶水中尽量不要有气泡）。拿出剪裁好的转印胶片，将图像层朝下，注意上下左右位置，轻轻地慢慢放下，眼睛仔细看着图像与无影胶接触面缓缓地扩大，以无影胶中没有气泡最好，当你放开胶片后，无影胶水沿着与图像接触的面仍在不断地由中央向四周流动扩展，在粘贴的时候需要仔细操作。胶片与水晶黏合时，无影胶水层应很均匀且薄为好。如果胶水层太厚了，经紫外线灯固化后，可能还是湿的，那么你在这一工序中将会失败。

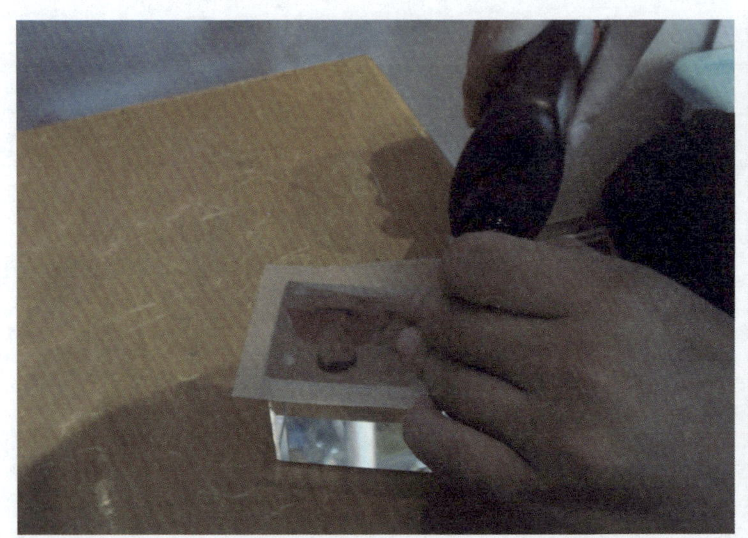

表面一定要擦干净否则粘得不牢而且有气泡。可以简单用面巾纸擦，如果擦不下来可以用酒精等清洁。无影胶不可以太多，图像与胶要紧密结合不能有气泡

专用的UV胶水(又称无影胶)

8.打开紫外线灯，将涂上胶的胶片放在紫外线灯下面

一定时间之后，胶层固化即可。UV胶的固化性能比较好，用紫外线灯10秒左右就可以凝固了，其实阳光下也行。

夏天也可以选择在自然光下，凝固时间会略长一些

9.对无影胶固化后的水晶进行修整

用小刀将水晶材料的四周轻划一下，将超过水晶半成品大小的胶片切割掉。

10.然后慢慢地揭掉透明的塑料胶片

揭下基层后，图像就这样被转印到水晶半成品的表面了。

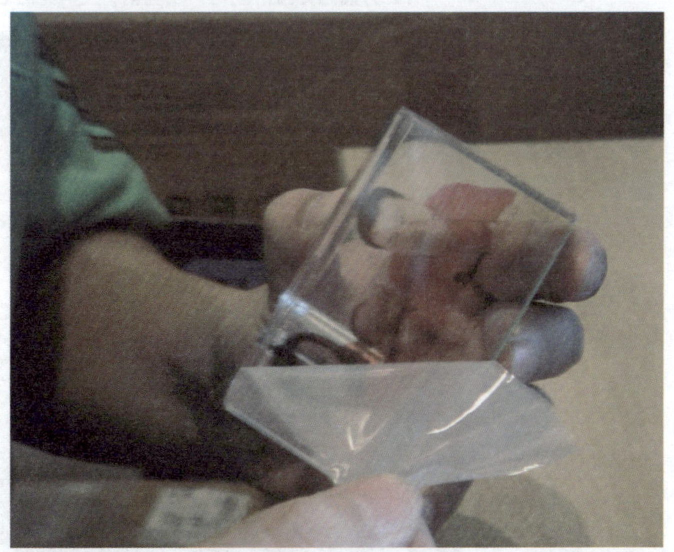

我自己的个性水晶工艺品已经初具雏形了

11.给“玫瑰花”上涂UV胶

胶层不能过厚，同时要保证花瓣的每一处都涂上UV胶

12.开启紫外线灯固化“玫瑰花”上的无影胶

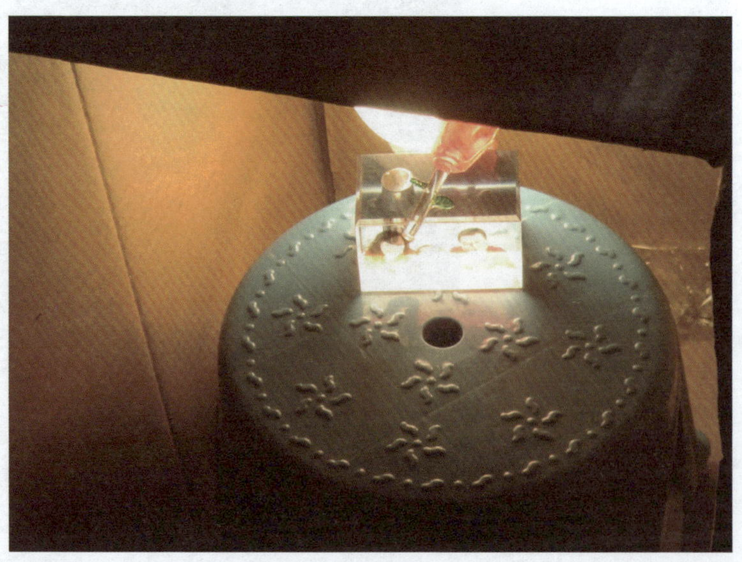

这里固化操作最好在紫外线灯下进行，不要用阳光固化，防止灰尘粘到花瓣上

13.成品晶莹剔透，成像效果和照片几乎一样

一家人的纪念水晶工艺品完成了，真的很漂亮

14.对完成后的水晶工艺品进行包装

水晶制品因为比较易碎，所以在外层包装上面需要有良好的防震保护。盒子里面用丝绸包裹着泡沫塑料，起到防震保护作用。丝绸比较光滑，衬托着水晶更显高贵。外面再加一个手提袋就是一套完整的包装。

4 制作公仔娃娃

玩具几乎与人类的历史一样久远。无论是在埃及、希腊还是在中国或罗马，都出土了不少古代的玩具。考古发现的史前遗物，证实了中国民间玩具有着悠久的历史，在距今6000~10000年的新石器时期就已出现了原始玩具。

玩具是特殊的消费品，在国际、国内有着广阔的市场，仅我国就有少年儿童近4亿人，这是一个庞大的消费群体。现代玩具，已融科学性、趣味性、教育性于一体，玩具的发展也是一个国家经济建设和科学技术水平的具体体现。

温暖可爱的毛绒玩具是不少人成长中的第一个玩具，每个毛绒玩具带着自己的故事来到家里成为家庭成员，它们也在扮演不同的家庭角色，睡觉的时候，它们会安静乖巧地陪伴身旁，看书时它们可爱、调皮地在一旁为孩子排除疲劳……

这种传统的玩具随着时代变迁也在不断更新。近年来，新款的毛绒产品让人惊喜，商场里能放音乐、会说话、懂唱歌的毛绒玩具让好奇的孩子们目不暇接，甚至连大人们都被吸引了。

而个性印刷小店制作的公仔娃娃是将各种毛绒玩具的脸换成立体的真人的脸，既有传统毛绒玩具的特点，又增加了个性特色。公仔娃娃可以是小朋友的好伙伴，也可以是大人的“新孩子”。

公仔娃娃源于粤语，在粤语中“公仔”本指年画中的人物形象，后来也指动画影视、漫画书刊、网络游戏等作品中的角色，如《米老鼠和唐老鸭》中的“米老鼠”“唐老鸭”，《猫和老鼠》中的“汤姆”（猫）、“杰瑞”（鼠）等。商家根据这些形象开发出的玩偶，粤语称为“公仔”。粤语北进，“公仔”也随着到了北方一些地方。“公仔”类玩具不同于一般的毛绒玩具，它具有原作品赋予的文化内涵，富有鲜明的个性，所以公仔娃娃更受人们喜爱。

多么可爱的一群宝宝

温柔可爱的小兔子

粉红的小熊妹妹

中间是《喜羊羊与灰太狼》中的红太狼造型

最右边是橙子宝宝造型

上面的公仔娃娃多么可爱，制作这样的一个娃娃只需要很简单的设备轻轻松松10分钟就可以做成。

1.取出一张硬卡纸

2.在电脑上对图片进行处理

首先在照片中剪裁出娃娃的脸，然后将娃娃的脸调整到中心。

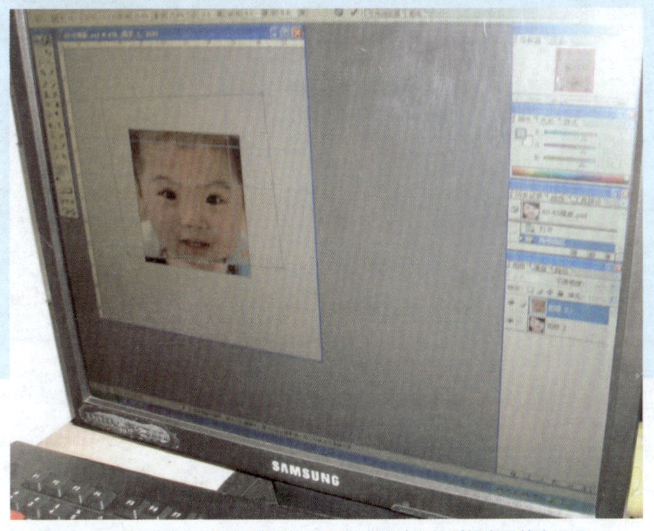

娃娃的脸一定要在中心，如果歪的话在后面做立体冲压的时候鼻子就会歪了

3.调整好后打印

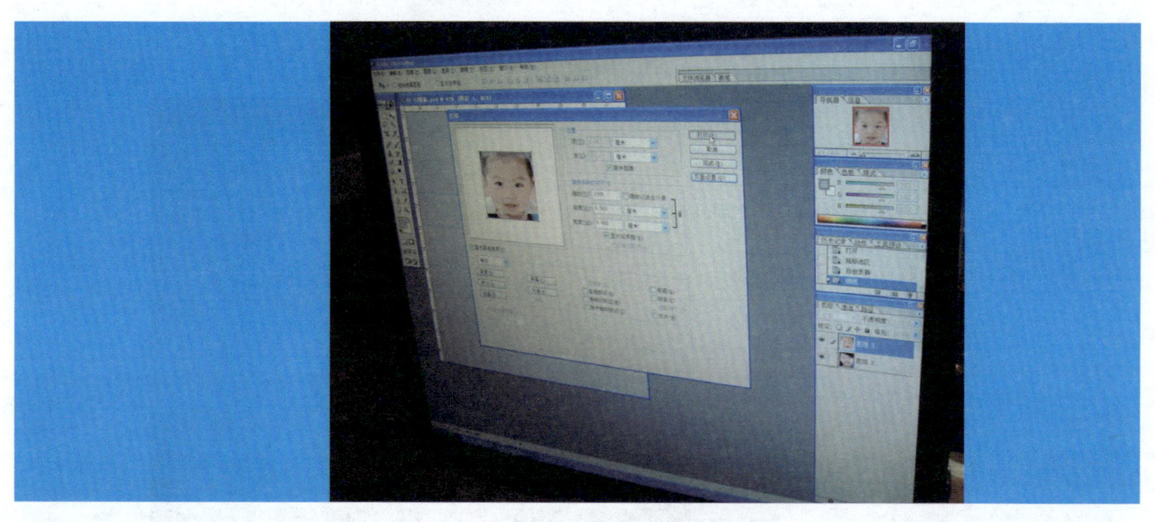

4.在打印好的照片上面覆一层膜

所用的膜是自带黏性的一次性塑料，直接粘在相片上用直尺或者卡片等硬一些的东西直接刮平就可以。

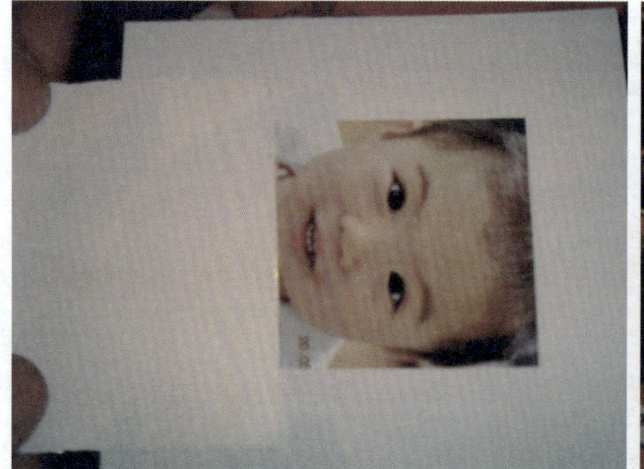

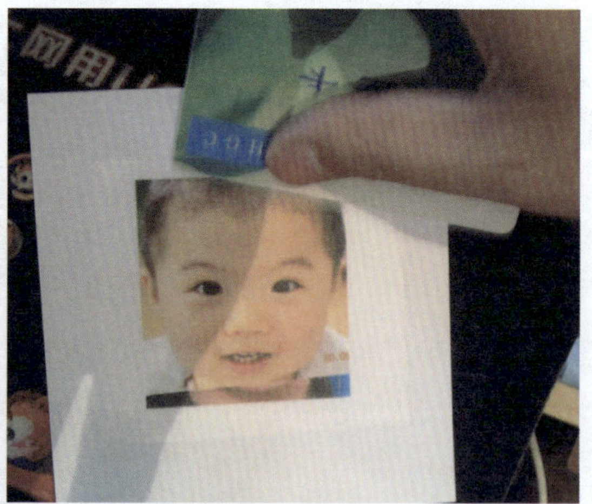

覆膜是增加光泽度和耐磨程度的，也可以在脏了后直接用湿抹布擦洗

5.进行脸部立体的加工

进行脸部立体加工的模具

模具下面的台可以通过按键操作抽真空让打印的图片紧紧吸附在模具上，下面的台子还可以加热，帮助快速成型

6.将照片夹好，准备放到做立体脸的设备上

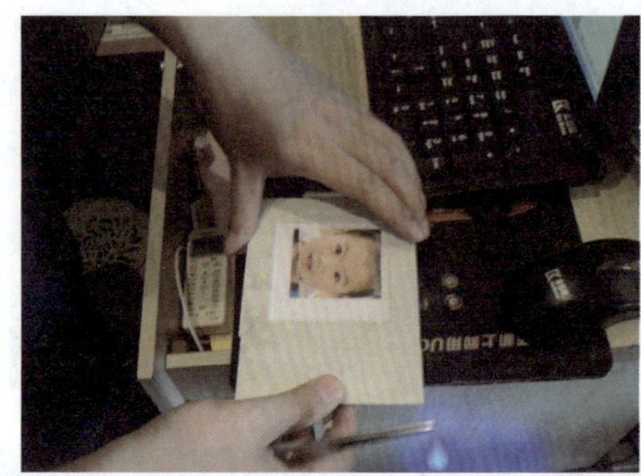

立体模具可以将小孩脸的眉骨和鼻梁都垫成立体，使照片看着更生动

夹好后的照片脸要在中间对准模型

7.将夹好的照片放到模型上

相片的鼻子一定要对到模型脸的鼻子

8.打开机器进行加热

机器脸模型下面是一些小洞，会吹出热风，并且有一定的吸附力，使平面的覆膜纸紧贴到模型上，形成立体的脸部造型。

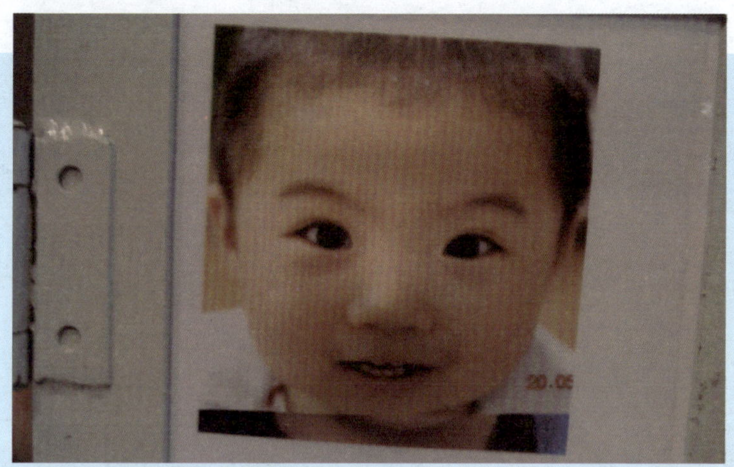

加工后的立体图形

9.剪裁掉多余的纸

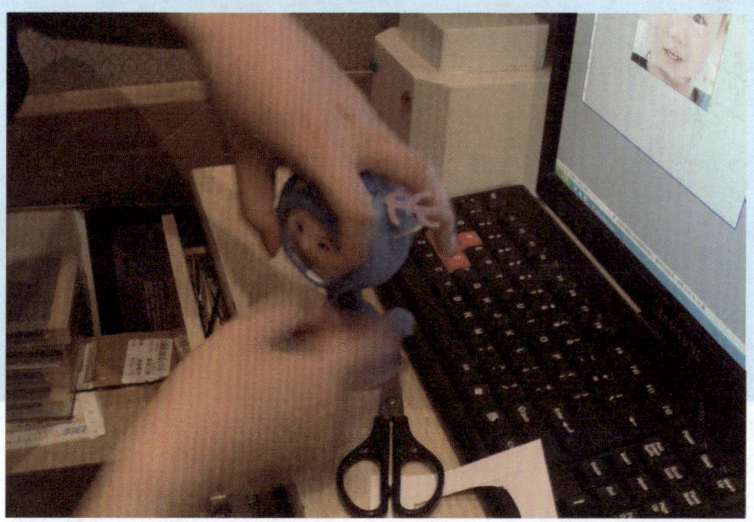

剪裁时要留一定的空白，比露出来的脸要大一些，多余的部分可以塞到公仔玩具的里面，这样固定得会牢靠一些

10.一个完整的公仔娃娃做好了

这是一个底部有粘贴条可以随意粘贴的、头可以动的公仔娃娃

做好的公仔娃娃

11.装上手提袋就是一个超级棒的礼物

附 录

企业注册流程

1.核名

到工商部门领取“企业（字号）名称预先核准申请表”，填写公司名称，由工商部门上网（工商部门内部网）检索是否有重名，如果没有重名，就可以使用这个名称，就会核发一张“企业（字号）名称预先核准通知书”。

2.租房

去写字楼租一间办公室，如果自己有厂房或者办公室也可以，有的地方不允许在居民楼里办公。租房后要签订租房合同，并让房东提供房产证的复印件。签订好租房合同后，到税务局去买印花税，按年租金的千分之一的税率购买，例如每年房租是1万元，就要买10元钱的印花税，贴在房租合同的首页，后面凡是需要用到房租合同的地方，都需要的是贴了印花税的合同复印件。

3.编写“公司章程”

可在工商部门网站下载“公司章程”的样本，根据自身情况进行修改。章程的最后由所有股东签名。

4.刻私章

去刻章的地方刻一个法人私章。

5.到会计师事务所领取“银行询征函”

联系一家会计师事务所，领取一张“银行询征函”（必须是原件，会计师事务所盖章）。

6.去银行开立公司验资户

所有股东带上自己入股的那一部分钱到银行，带上公司章程、工商部门发的核名通知、法人代表的私章、身份证、用于验资的钱、空白询征函表格，到银行去开立公司账户，要告诉银行是开验资户。

7.办理验资报告

拿着银行出具的股东缴款单、银行盖章后的询征函，以及公司章程、核名通知、房租合同、房产证复印件，到会计师事务所办理验资报告。

8.注册公司

到工商局领取公司设立登记的各种表格，包括设立登记申请表、股东（发起人）名单、董事经理监理情况、法人代表登记表、指定代表或委托代理人登记表。填好后，连同核名通知、公司章程、房租合同、房产证复印件、验资报告一起交给工商部门。

9.刻公章、财务章

凭营业执照到公安局指定的刻章社，去刻公章、财务章。

10.办理企业组织机构代码证

凭营业执照到技术监督局办理组织机构代码证，费用是80元。办这个证需要半个月，技术监督局会发一个预先受理代码证明文件，凭这个文件就可办理税务登记证、银行基本户开户手续。

11.开基本户

凭营业执照、组织机构代码证，去银行开立基本账户。去银行开基本户时，最好是在办理验资时的那个银行的同一网点办理，否则会多收100元的验资账户费用。

注册公司的分类

公司的注册类型繁多，包括有限责任公司、国有独资公司、个体工商户、个人独资企业等。

1.有限责任公司

a.最低注册资本3万元。

b.一人有限责任公司：最低注册资本10万元。

2.股份有限责任公司

股份有限责任公司：最低注册资本500万元。

3.个体工商户

对注册资金实行申报制，没有最低限额基本要求。

4.个人独资企业

对注册资金实行申报制，没有最低限额基本要求。

5.私营合伙企业

合伙企业，是指自然人、法人和其他组织依照本法在中国境内设立的普通合伙企业和有限合伙企业。

6.普通合伙企业

有两个以上合伙人，并且都是依法承担无限责任者。

企业经营目标计算

营业完成率=实际营业收入÷目标营业收入

营业增长率=实际营业收入÷上年同期营业收入－1

投资回收期（月）=前期固定投资额÷月收益

利润达成率=实际税前利润÷目标税前利润

利润增长率=实际税前利润÷上年同期利润－1

印刷常识

1.原稿

印刷制版所依据的实物或载体上的图文信息，分为文字原稿和图像原稿。文字原稿主要是通过排字（活字排字、照相排字和计算机排字）的方法进行复制；图像原稿主要是通过照相（包括胶片照相和数码照相、电子分色机分色、扫描仪扫描等图像获取方式）的方法进行复制。

2.反射稿

原稿的一类，指不能透光的原稿。

3.透射稿

原稿的一类，指能透光的原稿。

4.线条实地稿

原稿的一类，由黑白线条或彩色线条组成图文的原稿。

5.二次原稿

有些原稿无法直接在制版照相机（或电子分色机、或计算机图像处理系统上）进行复制，可先把它拍成幅面较小的彩色片，然后以此彩色片（数码照相则为数据文件）作为二次原稿进行复制。

6.连续调原稿

图像原稿的一类。相对线条实地原稿而言，画面颜色呈连续变化，从最亮到最暗各种层次都有。连续调原稿在复制时，必须把画面分解成许许多多的网点，这个过程叫加网。一些印刷工艺需要将连续调原稿进行加网后才能印刷复制。

7.彩色原稿

图像原稿的一类。画面呈多种颜色，因而制版时要做多幅色版，印刷时要用多种颜色油墨印刷。彩色原稿也有透射原稿、反射原稿之分；也有线条实地原稿和连续调原稿之分。

8.彩色负片

彩色透射原稿的一种。用负型彩色感光片拍照而成，属于连续调原稿。彩色负片上的颜色是景物实际颜色的补色。例如，景物实际上是红色的，彩色负片上呈青色；景物实际上是黄色的，彩色负片上是蓝紫色。彩色铜牌原稿复制时，要采用分色制版。

9.彩色正片

彩色透射原稿的一种，用正型或反转彩色感光片拍照而成，属于连续调原稿。用来制版的彩色片原稿，绝大多数是彩色反转片。

10.扫描

通过光束等在原稿上左右移动的动作，然后在原稿上下方向上移动，使反射（或透射的）光线转变为数据，用于表示整幅原稿的图像数据。

11.扫描仪

一种图像获取设备，用于将各种形式的图像信息输入计算机，以实现对这些图像形式的信息的处理、管理、使用、存储、输出等。扫描仪工作时，先由光源将光线照在原稿上，产生表示图像特征的反射光（反射稿）或透射光（透射稿）。光学系统采集这些光线，将其聚焦在感光器件上，将光信号转换为电信号，然后由电路部分对这些信号进行模/数转换及处理，产生对应的数字信号输送给计算机。当机械传动机构在控制电路的控制下带动装有光学系统和CCD的扫描头与图稿进行相对运动，将图稿全部扫描一遍，一幅完整的图像就输入计算机中了。

12. 像素

原为计算机屏幕上所能显示的最小单位。后来也用于表示图像数据文件中组成图像的每个小点。

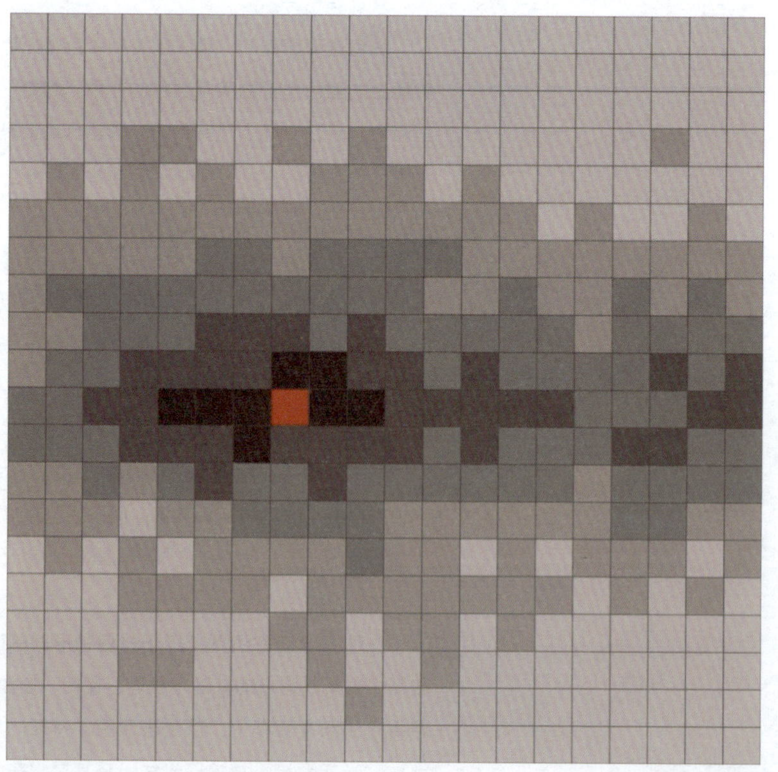

图1-8 像素

13. 亮调

相对暗调而言，画面上较明亮部分的阶调。亮调给画面带来明快感。亮调的网点面积率一般为5%~30%。

14. 中间调

相对于亮调和暗调而言，画面上连接亮调和暗调的中间阶调。中间调是画面的主体阶调，网点面积覆盖率一般为40%~60%。

15. 暗调

相对于亮调而言，画面上较深暗部位的阶调。暗调能使画面拉开反差，增加画面的凝重感。暗调的网点面积覆盖率一般为70%~95%。

16.高光调

画面亮调中最亮部位的阶调，由最小的网点组成。虽然网点很小，但仍有层次的变化。高光调在画面上虽然只占很少的部分，但它能拉开画面反差，增加画面明快感。高光调的网点面积覆盖率一般为5%左右。

17.极高光

画面中最明亮的光辉点处。加网处没有网点。像原稿画面上的发光部位，玻璃器皿、金属制品的反光部位等都属于极高光处。

18.反差

画面最亮部位与最暗部位的差别。连续调画面，反差可用最高密度减最低密度，用密度差表示；网目调画面的反差可用积分密度来表示，也可用网点覆盖率之差来表示。

19.偏色

指画面上的颜色失去平衡，偏向某种颜色。如果彩色原稿出现偏色，轻的可通过分色时颜色校正来解决，重的就是颜色校正也不能达到好的效果，这样的原稿一般就不要用了。

20.纸张定量

常以每平方米的重量（单位为克）来表示，因此也叫纸张克重。纸张定量能够基本说明纸张的厚薄，往往也能说明纸张的其他一些物理性能，特别是纸张克重也说明所使用的纸浆纤维多少，这也就变相地说明纸张的价格。

21.色彩管理

色彩管理是指运用软、硬件结合的方法，在生产系统中自动统一地管理和调整颜色，以保证在整个过程中颜色的一致性。在出版印刷中，色彩管理就是使原稿获取处理之后的颜色到印刷出成品的整个印刷工艺过程中保持一致。通过色彩管理，实现不同输入设备（包括各种扫描仪、数字照相机、Photo CD等）间的色彩匹配；实现不同输出设备（包括彩色打印机、数字打样机、数字印刷机、常规印刷机等）间的色彩匹配；实现不同显示器显示颜色的一致性，并使显示器能够准确预示输出的成品颜色；最终实现从扫描到输出的高质量色彩匹配。色彩管理的目的是要实现所见即所得。

22.油墨

印刷油墨就是由有色体（如颜料、染料）、连续料、填充料、附加组分等组成的，具有一定流动度的均匀浆状胶黏体。油墨是印刷的主要材料，一般来说，油墨应具有鲜艳的颜色，良好的印刷性能，适当的干燥耐水性能、耐光性能和耐热性能等应用方面的性能。

参考文献

[1] 周玉松主编. 印刷包装专业实训指导书[M]. 北京：中国轻工业出版社，2008.

[2] 赵秀萍主编. 特种印刷技术[M]. 北京：化学工业出版社，2006.

[3] 唐正宁，李飞，安君编著. 特种印刷技术 [M]. 北京：印刷工业出版社，2011.

[4] 楚高利参编. 王莉, 张映霞, 李艳莉. 特种印刷技术[M]. 北京：印刷工业出版社，2009.

[5] 许文才, 智川编著. 特种印刷技术问答 [M]. 北京：化学工业出版社，2008.

[6] 郑莉, 韩玄武. 新特装潢印刷与设计[M]. 北京：化学工业出版社，2004.

[7] 金银河. 织物印刷[M]. 北京：化学工业出版社，2004.

[8] 唐正宁. 特种印刷技术[M]. 北京：印刷工业出版社，2007.

[9] 金银河. 特种印刷技术及其应用(第二版) [M]. 北京：印刷工业出版社，2007.

[10] 藏广州主编. 最新印刷技术实用手册－特种印刷技术分册（上）[M]. 安徽：安徽音像出版社，2003.

[11] 藏广州主编. 最新印刷技术实用手册－特种印刷技术分册（下）[M]. 安徽：安徽音像出版社，2003.

图书在版编目（CIP）数据

个性化开店指南——热转印开店/吴敏，王睿编著.-北京：印刷工业出版社，2013.6
ISBN 978-7-5142-0669-2

I.个… II.①吴… ②王… III.印刷-专业商店-商业经营-指南 IV.F717.5-62

中国版本图书馆CIP数据核字(2013)第139695号

个性化开店指南——热转印开店

编　著：吴　敏　王　睿

责任编辑：陈媛媛　　责任校对：岳智勇
责任印制：张利君　　责任设计：张　羽
出版发行：印刷工业出版社（北京市翠微路2号 邮编：100036）
网　址：www.keyin.cn　　www.pprint.cn
网　店：//pprint.taobao.com
经　销：各地新华书店
印　刷：北京亿浓世纪彩色印刷有限公司

开　本：787mm×1092mm　1/16
字　数：95千字
印　张：7.25
印　次：2013年6月第1版　2013年6月第1次印刷
定　价：39.80元
ISBN：978-7-5142-0669-2

如发现印装质量问题请与我社发行部联系　直销电话：010-88275811